退役军人的适应与自我调整

潘文富◎著

清華大學出版社
北京

内容简介

退役之后，该怎么办？这是所有退役军人都要面对的实际问题。若提前做好规划，做到退役之后平顺过渡，自然是最佳。若没有规划，也没有早期筹备，自然会出现迷茫。那么首先要解决的，就是适应的问题。毕竟从部队到地方，所处的环境不一样，在个人价值取向、安全保障、工作方式、人际关系、专业发挥、经济能力等方面都存在较大的差异。这种差异会导致各种不适应，而这些不适应又会对退役军人的自信心、情绪、积极性、创造力、客观思维、理性分析能力，乃至家庭关系等产生一些消极的影响。

本书作者系退役军人事务部培训中心《自主就业退役士兵适应性读本》编撰专家，出版过多部关于退役军人就业和创业方面的著作。本书主要从自我认知和思维调整、退役后的基本筹备工作、基础工作能力的健全、做好个人规划与发展推进等几个方面，引导退役军人逐步适应社会环境，开始自己的人生新征程。

本书内容深入浅出，通俗易懂，语言生动有趣，对退役军人的适应和自我调整具有较强的指导作用。

图书在版编目（CIP）数据

退役军人的适应与自我调整 / 潘文富著. —北京：清华大学出版社，2023.7
ISBN 978-7-302-64098-1

I. ①退… II. ①潘… III. ①退役－军人－职业选择－中国 IV. ① E263

中国国家版本馆 CIP 数据核字（2023）第 136309 号

责任编辑：杜春杰
封面设计：刘 超
版式设计：文森时代
责任校对：马军令
责任印制：杨 艳

出版发行：清华大学出版社
网 址：http://www.tup.com.cn，http://www.wqbook.com
地 址：北京清华大学学研大厦 A 座 **邮 编：**100084
社 总 机：010-83470000 **邮 购：**010-62786544
投稿与读者服务：010-62776969，c-service@tup.tsinghua.edu.cn
质量反馈：010-62772015，zhiliang@tup.tsinghua.edu.cn
印 装 者：三河市东方印刷有限公司
经 销：全国新华书店
开 本：170mm×240mm **印 张：**12.75 **字 数：**155 千字
版 次：2023 年 8 月第 1 版 **印 次：**2023 年 8 月第 1 次印刷
定 价：46.80 元

产品编号：099212-01

前言

PREFACE ★

退役军人从绿色军营回到五彩斑斓的社会环境，既充满了新的希望，也要面临各种问题，甚至是挑战。

站在人生整体发展的角度，回到地方，是人生的晋级，退役军人将真正独立面对生活和发展。在事业层面，退役军人的自主性更强，选择面更大，发展空间也更为广阔；在个人生活层面，退役军人将回归正常的家庭生活，或开始组建自己的小家庭。开弓没有回头箭，人生没有回头路，只有一路向前。

前景很美好，但通达未来的路不一定那么平坦，各种想到的或是没想到的问题和困难也许会接二连三地冒出来，它们包括价值观层面的、思维方式层面的、生活方式层面的、经济层面的等。这些问题的出现，必然会扰乱自己的思绪，打击自己的自信心及对未来新生活的向往，由此产生消极或逃避思想也是正常的。这些问题几乎是每位退役军人都会遇到的。每位退役军人都需要慢慢适应。这个适应期，可能是几个月，也可能是几年。

问题的背后，也许是外部客观环境的变化，也许是个别人的人为因素，也许是自己的期望值太高，也许是个人过往经历中所形成的思维模式和习惯与新变化之间产生了冲突。当然了，社会环境和别人的问题，我们都解决不了，我们唯一能解决的，只有自己的问题。所以，在退役刚回到地方时，自己首先要解决的，就是这个“适应”的问题。

看待当前的这个适应问题，不能微观，不能局限于一人一事一时，而要站在整体人生发展的视角，基于未来人生发展的新目标，从战略全局出发。不要过多纠结于当前的不适应，而要尽快调整自己的状态，尽量缩短不适应的周期。

这世界，唯一不变的就是变，退役军人必须应对变化，适应变化；不仅仅从军队到地方需要适应，自己所处环境、家庭身份、社会身份、岗位职务、经济状态等情况发生变化时，自己都要学会迅速适应。

适应不是将就，更不是委屈自己。适应是人生成长的必然经历，是自身的觉醒和升级，是价值观的更新。适应是为了新的发展，是为了更快地进入新“赛道”。适应也是在考验自己的规划能力和基础工作是否扎实，规划越清晰，基础工作越扎实，越能更快适应。

目　录

CONTENTS

第 1 章　自我认知与思维调整

1.1　退役初期不适应的原因分析

在退役后，一堆新问题蜂拥而至：

各种关系、手续如何转移？个人财务问题如何处理？如何搞好家庭建设？怎样处理夫妻关系和子女教育问题？自己是选择继续进修学习，还是选择就业，或是自主创业？该怎样休养身心？

对于退役军人来说，若早有规划，早有安排，能做好退役与再发展的平顺过渡，自然最佳。若没有规划，那么首先要解决的就是适应的问题了。等自己能基本适应地方环境了，再考虑接下来要做什么。毕竟，从军队到地方，所处的环境不一样，在个人价值取向、工作方式、人际关系、专业发挥、经济能力等方面都存在巨大的差异。差异巨大自然会导致各种不适应，而不适应又会对自己的自信心、情绪、积极性、创造力、客观思维、理性分析能力等产生一定的负面影响。

退役军人的不适应不是单一因素造成的，而是多重因素共同作用的结果，所以我们要区别对待，逐一进行分析。

（1）人更容易受习惯的影响，例如思维或行为方面的习惯。习惯是在特定环境中长期养成的，或是在一定压力下形成的。所谓的不适应，源于原有的习惯与新环境及新压力的冲突。军人在役期间，其价值定义、发展取向、规划与推进等，都是确定的、统一的，有标准、有模板，还有来自部门及上级的督促和辅助，自己好比一个庞大机器上的螺丝钉，可以按部就班地“运转”，前面有人拉，后面有人推，上面有人监督，身边还有人协同。可退役后回到地方，这一切都没有了，方向、目标、标准，乃至价值观，都要靠自己重新定义。你身边也不再有人督促，并与你协同配合，只能自己做规划自己执行，这就需要极高的自律性。若习惯了被安排被规划，待到完全需要自己主导时，自然是不习惯的。

（2）世界上没有绝对的好与坏，一切都是相对的。个人在感觉和情绪上的不适应，也有可能源于与身边人的对比，尤其是熟悉的人。退役军人回到地方以后，与亲朋好友的接触机会多了，对相关情况的了解也更多了，虽然亲朋好友的发展有好有坏，但对比很容易使人产生“就高不就低”的心理，总把注意力放在那些发展较好的人身上，就会看到自己的各种差距，这时必然会产生挫败感。

（3）军人在军队所取得的成就和各种荣誉源自自己的努力甚至拼搏，是对自己历史功勋和个人能力的证明。但是，在军队环境和社会环境中，人们对成就和荣誉的看法和价值认知会不同，军人的成就和荣誉在社会层面不一定被认可，尤其是在就业和创业时，过去的奖状、奖章所能获得的加分有限，甚至有招聘单位并不看重这些。这可能会导致退役军人对过往从军经历的否定，心里感觉失落。

（4）军人在军队时，时间规划严密，每天都在忙，人也充实。退役回来之后，有了大把空闲时间，甚至有人为了消磨时间而沉迷游戏、刷手机、钓鱼、喝酒、旅游等。时间太宽裕了，自然会产生一些空虚感。

（5）部队的长期集体化生活，形成了内部小社会，与外部社会的交集较少，某些特殊单位甚至没有交集。尤其是两年义务兵，没有探亲假，差不多就是一口气在部队待两年，独立出去办理社会事务的机会也少。当然了，很多事情自己可以不操心，部队都有安排和系统对接。但是，退役回家之后，各类社会事务都得自己面对，例如医保手续的办理：去哪里办？要准备什么材料？什么时间去办？流程该怎么走？办事人员态度不好如何应对？当地又有什么特殊政策和要求？这一切，都会让刚回家的退役军人感到烦躁。

（6）人若有目标、有规划，按照目标和规划保持推进，手头一直有事在做，还有阶段性的成就，心里自然就会安定和充实许多。可多数人并不擅长给自己制订目标和规划，对未来，更多只是一个模糊的想象，缺乏明确的发展目标，更没有量化的推进规划。从军队到地方之后，从有秩序的忙碌到手头无事可做，空闲时间又是一大把，自然容易陷入空虚状态。也有些退役军人比较急，急着找出路或急于证明自己，若是缺乏客观理性的分析，很容易被传销或虚假商业项目盯上，一不小心就会误入歧途。

总而言之，从军队刚回到地方的不适应，是由多重因素导致的。各因素之间互相作用，导致个人信心受损，思绪混乱，长期处于个人低迷状态。所以，对这些可能发生的问题，应进行客观理性的分拆分解，梳理思维，排列问题次序，逐一解决。

1.2　退役后需要面对的现实

刚退役回来，社会关系重新续接，还会同步扩大交际圈子。人际交往的过程也是比较的过程，在遇到许久没见的熟人，同期退役战友，尤其是自己的同龄人时，自然要进行一番比较，诸如分配情况、工作单位、收入、消费能力、个人事业、发展空间、专业技术、社会地位，乃至车子、房子等。

比较的形式可分为两种:一种是自己主动跟别人比较，自己主动观察，主动对比、测算、猜想，乃至臆想；还有一种是别人主动跟你比较，故意在你面前炫耀显摆，甚至故意刺激你。

在面对这些比较时，也有两个不同的比较方向：一种是往上比；一种是往下比。当然了，若是都能往下比，看看那些各方面不如自己的人，体会到自己的幸运和优越，幸福感就会油然而生，那么大家就和谐多了。可问题是，多数人是往上比，对比那些日子过得比自己好的人、各方面比自己优秀的人，或运气比自己好的人。这种比较肯定会对自己产生一些负面的影响，甚至打击自信心。

客观来说，与人比较这种行为是普遍存在的，既不能视而不见，也不能被其左右。今后要长期面临各种比较乃至各类刺激，关键在于自己对这些刺激持什么样的心态。

1．弄明白是无意展现的，还是刻意给你看的

若是别人在你面前有些刻意展现，这就得考虑一下对方背后的目的是什么。若是单纯的炫耀也就罢了，就怕别有用心：也许可能隐藏了其他目的，诸如显示自己的实力、社会关系、各类资源、当前的生意状况和发展前景等；也许是为了让你放心，对他产生信任感，为接下来找你借钱、调用你的资源或拉你入伙做铺垫。

2．被刺激之后反应要得当

被别人刺激之后，你会有什么反应？不屑？嘴硬？鄙视？羡慕？灰心？注意，这时身边其他人也会看到你的反应，如你的脸色、语气、言语、行为等。若反应不当，就会暴露自己的气量和格局。

3．要关注别人背后的努力

你看到的，或者说刺激到你的，更多的是别人的成就。但是，成功往往不是那么容易实现的，别人为此在背后所付出的努力、经历的失败、坚持过程中的艰辛、所承受的巨大压力等，也许外人根本看不到。

4．认清虚假的炫耀资本或非法所得

别人拿来炫耀的，不一定都是真的，那些生意规模也许是吹出来的，名牌也许是山寨货，车子也许是租借来的。甚至，有些炫耀资本可能是

违法所得。这样的炫耀没有意义，不妨一笑而过。

5. 锻炼自己的抗打击能力

别人的成就扎扎实实刺激到自己了，这也是一种打击。自信心弱的人有可能就被打趴下了，觉得自己各方面都不如别人——运气不好、机会没抓住、父母不给力等。

面对打击，不能被打趴下了，而要锻炼自己的抗打击能力。今后，你不仅要应对各种刺激，还要应对各种拒绝、各种失败、各种困难。

6. 将刺激转变成激励

如果别人发展得更好，各方面都比自己优秀，那么自己就设法赶上，该借鉴的借鉴，该学习的学习，该合作的合作。同时，以特定人员为标杆，督促自己不要松懈，保持进步。

7. 换位思考

一个人动辄被别人刺激，说明什么问题？说明自己格局小，有点自大了，不够坦然，这是自己需要检讨的地方。

同时，也要提醒自己，今后即便发展得不错，有些炫耀的资本，也要保持低调，没有必要刺激别人。

1.3 退役后再回看从军经历

不一定只有老人才喜欢回首过去，年轻人也会。

退役之后，回顾自己的从军岁月，从中可以总结许多有价值的东西。有些人能正面看待自己的从军经历，认为这是一段常人所没有的历程，丰富了自己的人生，自己学习到很多东西，是有价值的。也有些人则会较消极地看待，觉得耽误了几年青春，没学到什么东西，只是单纯的体力和精力消耗。还有些人由于服役地区艰苦，与自己所预想的差别较大，在军队的发展不顺畅（先进没评上，士官没转上），加上人情世故中有些不愉快，退役回来后，又发现自己与社会有所脱节，相对身边同龄人（没有参军者）的发展，自己还错失了些机会，等等，难免产生抱怨心理。

人生是由若干阶段组成的，孩童、求学、当兵、就业、创业等，每一阶段的经历和经验积累，又会推动下一阶段的个人发展。当然，经历并不会直接推动个人的发展，而是有助于个人从中获取知识，提升能力，积累精神财富。前提是要正面地、积极地看待每段经历。

退役军人若是一直认为自己吃了多少亏而陷入消极的情绪中，这不但会影响自己的重新开始，也会影响自己在别人心目中的形象。

从军经历给自己带来了什么？个人能力有哪些提升？又该如何将其用到自己的未来发展上？

1. 体能有优势

身体是革命的本钱，也是成就事业的基础。工作中涉及大量执行性事务，可能需要加班熬夜，需要蹲守生产现场，需要接连出差。若是创业，自己可能既要做管理工作又要做具体的业务，身兼数职，这些都需要自己有强壮的体魄来支撑。

普通的社会青年，有毅力、能坚持系统化体能训练的有限。军人在服役期间的强化体能训练，大大提升了自己的身体素质和耐受力，甚至是极端情况下的生存能力。个人的体能是就业和创业的基本保障。

2．能适应严格管理

客观地说，有些时候不是单位不给你成长机会，而是你无法承受被严格管理。毕竟，被严格管理不是每一个人都能承受的。

个人对严格管理的承受能力，来自真实的被管理经历。军人在部队受过数年的严格管理，铁血纪律深入人心，相对常人，在适应严格管理方面具备更强的适应能力，以军队的被管理经历为基础，再来应对一般企业的管理体系，自然要轻松很多。

3．执行力强

“执行力”这三个字看起来极其简单,却让无数企业管理者头疼不已。因为多数人的执行力有限，说起来一套一套的，一旦进入执行阶段，便开始推诿、回避、找理由。实在没法推诿的，拖延起来又十分严重，今天拖明天，明天拖后天。即便是自己创业，想法很多，规划很大，但是，在实际的执行环节，照样有虎头蛇尾、半途而废的。

执行力强是部队最大的优势之一，不存在讨价还价，不存在强调客观困难，不存在谈交易条件，只有想方设法去执行，克服各种困难去执行，通过早期规划和精细准备提升执行效率，基于坚定的信心和使命感面对各种干扰。

4. 心理素质好

就业也好，创业也罢，一帆风顺是不可能的，各种变故和问题会层出不穷，诸如被拒绝、失败、亏损、被盗被骗被抢、同行恶意攻击、暴力犯罪、车祸、自然灾害、人员伤亡等。若是一般人，遇到其中的三五样，也许就被打趴下了，而军人则不然。

在军队的训练体系中，心理素质方面的强化训练是基础科目，甚至还执行过实战任务。这些经历对个人自信的建立、坚韧性格的塑造、抗打击能力、沉着冷静的应变能力、对突发情况的迅速反应能力、决断力等方面有极大的强化和塑造作用，所以退役军人的心理承压能力是远远超过常人的。

5. 标准高

在军队，对人的思想和行为都有高标准的要求，就连怎么穿衣、怎么说话、牙刷怎么放都有严格标准。这些强化了一个人的标准意识。

标准意味着什么？量化、精准、一致性、高效率、低内耗、个人素养良好。有些人往往存在“差不多就行了”的念头，这导致了他们在行动方面的随意性和低效率。

6. 学习能力强

一般人从学校毕业后，基本上就停止主动学习了。但是，人在发展的各阶段，处处离不开学习，应该具备持续的再学习能力。

参军入伍，无论你之前是什么学历，在进入部队后，首先就要进行系统的学习，而且是什么都要学习，连生活中的吃饭、叠被都要学习，各种条例和军事技术就更别说了，系统的、持续的学习也锻炼了一个人的再学习能力，为军人退役后再学习打下了坚实的基础。

7. 有军队的正面形象背书

社会对军队的正面形象定位、对军人的好感以及信任感，都是退役军人的极大的优势，应该好好利用。

8. 注重协同合作

军队注重协同合作，从早期的“三三制”，到现在的班组协同，哪怕对团队中的某个战友，自己并不是很喜欢，那也要合作。进了企业，要讲团队精神，要注重合作；自己创业，更要团结下属员工，不但要推动自己与下属之间的合作，还要推动下属员工之间的合作。

9. 能吃苦耐劳

客观来说，由于经济水平提升，生活环境优越，以及父母对子女的关爱，现在能吃苦的年轻人越来越少，但是，无论是职业发展，还是创业，都需要吃苦，而且要承受常人所难以承受之苦。

军队是个吃苦的地方，是军人，就要吃苦：无论是精神上的还是体力上的，甚至还会面临流血牺牲。自己能承受这些苦，能顶下来，能适应，今后再面对职业和创业中的苦，自然就要领先常人许多。

从整体的人生发展角度看，起点往往不是自己能控制的。再有，起点的高低也不是最重要的，重要的是发展速度。当然，个人发展速度的背后，不仅仅是个人意志，还有整体规划、执行力、个人形象、资源整合等方面的综合作用。个人在军队中所获得的各种优良品质，可成为个人发展的加速器。

1.4　退役军人就业的痛点

从企业招聘的角度来说，退役军人是非常优质的人力资源，他们年轻，执行力强，对标准和纪律有较为深刻的认识，注重团队协作，对工作强度和压力有更好的适应能力，对管理的服从性强，当前家庭负担小，等等。

当然了，企业在招聘及工作安排方面，也要考虑退役军人的工作经历、再学习能力、基础素质、基础能力、可塑性、对当前团队的融入情况、待遇要求等。有些企业在初期会安排退役军人到基层执行类岗位，并会叠加较多的学习和磨合项目，甚至是一些有难度的、有挑战性的工作项目，观察能否胜任。总的来说，对退役军人有较高的期望值。

但是，退役军人站在自身的角度看就业，则没有这么乐观。大家所感受到的，是招聘信息少，适合自己的招聘信息更少，工作不好找。大企业进不去，只能去小公司或新创业的公司。公司安排给自己的岗位往往层级较低，职务低，待遇低，未来发展空间不明朗，甚至使退役军人产生“这老板水平看起来也不行，估计也学不到什么东西”的想法。

客观来说，企业对人力资源的需求总量大，尤其是缺乏优质的、执行力强、有再学习意识、有上进心的新鲜血液。按说，对于这些条件，退役军人基本也能达标，可企业就是很难招到人才，退役军人也很难找到适合自己的工作。这中间存在不少堵点，对退役军人来说，也就是痛点。

1．信息不对称

双方信息不对称，这就是最基本的堵点：退役军人不知道哪些企业有岗位在招聘，企业也不知道到哪里招聘退役军人。不过，现在情况好多了，各地的退役军人事务局纷纷组织现场招聘会和网络招聘会，在信息互通方面已经比以前有很大的提升了。

2．退役军人对职业发展的认识不足

什么是职业？什么是事业？什么是事业发展？很多退役军人在这方面缺乏概念，只是简单地理解为打工或是创业当老板。当然了，这主要是因为大多数退役军人在前期并没有职业经历。有些人从学校毕业后直接入伍参军了，压根儿没上过班，没经历过企业管理，对岗位职责、工作能力、工作任务、业绩结果、执行力、考核、职务晋升等方面没概念，甚至连简历该怎么写、面试该怎么谈都不知道。

3．缺乏规划

对规划漠视，这是普遍现象，多数人对自己的未来只有一个模糊的想象，极少会形成一个详细的量化文件：对到什么时间点达成什么样的目标，推进路径怎么设置，涉及哪些资源，前期要做哪些筹备，等等，都没有形成清晰准确的规划说明。

具体到找工作这件事，他们对第一份工作在什么地方找，找什么公司，找什么岗位，在第一份工作中怎么学习和晋升，第一份工作与第二份工作如何过渡，等等，也没有规划。

如果缺乏规划，或希望一步到位，那么在实际推进中，往往可能因为准备不足而丢失机会，并且，个人的精力和资源也会因为没有聚焦而分散浪费。

4. 不会提炼和准备

企业要的是能满足企业需求的人。

那么，退役军人身上所积累的优势，如何与企业的需求对接呢？这就需要退役军人对企业运营及人力资源需求有一定的了解，提炼自身优势，如果对比企业需求，发现自己的缺口较大，还得进行增补完善。在这个环节，许多退役军人急需提高。

5. 职业技能的结构不合理

员工凭借自己的职业技能和执行力从企业获得工作机会。

职业技能可分为基础技能和应用技能两大模块。应用技能与行业及岗位有关，一般要等正式入职以后，由企业进行专业化的培训。而基础技能则是通用的，各行业、各岗位，乃至自己创业都用得着，如车辆驾驶、计算机运用、普通话、基本外语、商务礼仪、演讲能力、内务管理等。对这些基础类的技能，就别等企业安排培训了，自己要提前学习。但是，对于哪些才是基础技能，如何提前学习基础技能，许多退役军人自己也不清楚。如果个人在应用技能方面已经有短板了，基础技能这块再有欠缺，求职就会更困难了。

6. 目标太高

有些退役军人简单地认为就是找个工作，找个事做，至于个人发展，到时候再说。至于具体找什么样的工作，那自然是好单位、好工作，所谓好单位、好工作，就是单位规模大、有社会地位、稳定、待遇好、福利好、工作轻松、考核简单、没压力、请假方便、内部氛围轻松、团队好相处……如果按照这样的标准找工作，可能很难找到合适的。个人要求太多太高，好高骛远，与现实就会迎头相撞，失落自然更多。

7. 身边人的影响

在每个人的身边，总有些人是消极的，他们不断地散布负面的言论：各种无用论、黑暗论、生意不好做的怨言、打工没出路的牢骚等，这些多少会对退役军人产生负面影响，使退役军人丧失建立清晰规划的决心，打击了前进的自信心。

总而言之，退役军人与用人单位之间的堵点，主要集中在信息不对称、缺乏规划、缺乏提炼和准备等几个方面。客观来说，退役军人的自身情况与企业用人需求之间是存在差异的。不过，用人单位一般是不会为求职者改变的，那么只有求职者自己改变了。可是，怎么改变大家都清楚吗?虽然当前也有各种招聘会、各种培训、各种创业平台，可是，在对自己没有清醒认识、没有量化分类、没有总体规划的前提下，你就没有办法整合这些信息和资源。

1.5　退役之后的职责调整

人重物质，更重精神。在精神的背后，体现了一个人的价值观。价值观包括的因素很多，这里，我们先谈“职责”。

当然，在不同的环境里，对职责的认定还是有些差异的。在军队，大家的职责很清晰：在宏观层面，维护和平，保家卫国；在个人层面，爱岗敬业，完成任务，培养下属，保持学习，争创先进，勇攀高峰。

退出现役回到地方以后，由于所处环境发生变化，自己的重心也会有所变化。家庭和个人发展等方面开始成为新的重心，职责也会对应的有些调整。

1. 个人层面

（1）作为一个成熟的人，应该有毅力，能承受一定的压力。

（2）提炼自己多年从军生涯的正面优势，这是军队带给自己的宝贵财富。

（3）发挥个人专长。

2. 家庭层面

（1）家庭稳定，有足够的经济保障。

（2）照顾家人，真正承担起家中顶梁柱的责任。

（3）保持乐观心态，这种积极心态会感染每位家庭成员，能让父母宽慰，能让伴侣感到贴心，能让孩子为你感到自豪。

（4）有清晰的家庭发展规划，引领家人积极展望未来。

3. 事业层面

（1）能保持再学习的心态，必要时用归零的心态看待地方上的工作。

（2）培养良好的职业素养，建立个人口碑。

（3）明确自己的专业定位。

（4）持续扩大自己的人脉关系。

（5）结交事业中的合作伙伴，使彼此有共同的收益和成长。

（6）坚持并发扬军队中“争创先进，勇攀高峰”的精神。

4. 社会层面

（1）经营自己的企业，为国家贡献税收，解决就业。

（2）遵纪守法，恪守公德。

（3）以自己的成功为例，鼓励其他退役战友再就业，向大家分享经验和方法。

（4）在工作中多多培养人才，使他们即便离开自己，也能在社会各层面发挥更大价值，自己虽然不是专业老师，但也能做到桃李满天下。

（5）自己的发明创造在一定程度上推动行业及社会进步。

1.6 理想与世俗的碰撞

一说起理想，很多人心里就迷茫，认为在现代的社会还有必要谈理想吗？

虽然他们在孩童时代也是有理想的，可是，在残酷的现实面前，他们孩童时代的理想看起来就像个笑话，现在都不好意思说出来，怕被别人批评幼稚、不切实际、不成熟。再看看当前的社会环境，貌似也看不到别人谈理想了，貌似大家越来越现实，甚至越来越功利了。那么，看起来有点儿务虚的理想，现在还有价值吗？

我们先要弄明白一个问题：理想是什么？

“理想”的书面解释是：对未来事物的美好想象和希望，也比喻对某事物臻于最完善境界的观念。理想是人们在实践中形成的、有实现可能性的、对未来社会和自身发展的向往和追求，是人们的世界观、人生观和价值观在奋斗目标上的集中体现。人们在眼前的物质和精神需求得到满足的情况下，会憧憬未来的生活目标，期盼满足更高的物质需求和精神需求。对未来的不懈追求，是理想形成的动力和源泉。

通俗一点说，理想就是自己所梦想、所期盼的未来。理想的范畴，可从个人想要达成的目标，延伸到对社会、对国家的贡献。

不过，理想并非一成不变的。随着年龄的增长，人们在广泛且深入地接触社会后，知道人世间的各种不易，感到个人的局限和无力，见识了各种不公平，若是就业问题还没解决，还有心思谈理想吗？

客观来说，社会因素的叠加，尤其是人们在认识到社会的现实性，经历了各种挫折打击后，会变得更加务实。与此同时，个人的早期理想已经不提了，也失去了再次规划理想的兴趣，会认为理想没什么用，甚至别人谈理想，自己也当成笑话来看。

那么，在这个貌似越来越世俗化的世界里，理想真的没有价值了吗?其实不然，关键还要看你自己如何对待理想——是追求还是放弃，是铭记还是遗忘，都由自己来定。

那么，理想对一个人有什么作用呢?

1. 有了理想就有了对未来的希望

我们之所以能忍受今天的痛苦，是因为对明天充满希望。

希望是正面的、乐观的、利己的，是自己所期盼的，也是驱动自己前进的动力源泉。如果明天没有希望，那么就只是对今天的重复而已，这种一眼看到头的生活，多么让人绝望。

2. 理想可以激发人的创造力

人的视野是有限的，人的能力是有限的，但人的想象力是无限的。

理想是否能实现，是否具备可执行性，能不能实现，都可以先放到一边。人先要敢想，想象不能受限制，甚至可以跨领域地想，天马行空地想，将许多毫无关联的事情混在一起想，只有这样，才能碰撞出思想的火花，而创业往往就是各种思想交叉碰撞的结果。

这世界的魅力，就在于宏大、多样性、多变。太多东西可以改变，有创新空间。虽然有些混乱，但这混乱中暗藏着机遇，变化中孕育出生机。

放弃理想，就是限制自己的想象力，使自己逐渐丧失创造力。

3. 理想推动规划的建立

先学会想——什么都想，好的也想，坏的也想，各种变化也想，各种可能也想。想得足够多，才能想清楚；想清楚了，逻辑关系清晰了，才能做规划。有了规划，再把各类纷乱的想法、做法、推进策略、资源、问题、预案、筹备、机会等系统地进行整合，使其逐渐落实。规划一旦出来了，通往明天的路就找出来了。

4. 理想推动基础工作的建设

社会环境的确一直在变化，要学会应变，但有些基本的标尺还是可以遵循的，诸如：遵守法规，注重道德层面，打造个人品牌，提早开始聚集资源，做事有规划，重视筹备，保持推进，建立自信心，等等。这些是推动自己将理想一步步转变成现实的基础；如果放弃理想，也就是放弃了这些基础工作的建设。

在不确定的未来，至少可以建立确定的基础工作。

1.7 以积极心态应对工作中的问题

执行力背后，主要有两方面的支撑因素：一是会不会干，这是技术能力的问题；二是想不想干，这是主观意愿的问题。在意愿的背后，又可划分为两个方面：一是支撑理由，也就是做这事的理由或道理是什么，为什么要做。师出要有名，没有理由的事情没法做，理由不对也不行。还有一个是感性层面的认识：感觉如何？高不高兴干？有没有信心坚持下去？觉得有意思，还是没意思？从结构上看，这个自我感性因素对执行力的影响甚至大过技术层面。有个说法：要想做成功一件事，有 10%

的因素在于认清事情本身，有 90% 的因素在于你对这件事情采取何种态度。

你若是感觉顺了，有兴趣，情绪高涨，甚至热血沸腾，对工作执行有力，推动效率高，不怕苦、不怕累，遇到问题也有信心面对，积极想办法。你若是感觉不顺，那就麻烦了——觉得没意思、没价值、没必要、没动力，变得灰心丧气，认为事情肯定做不成，心情烦躁，最终选择放弃。

更为微妙的是，感觉不是清晰的，也很难量化。而且，它是不稳定的，没有规律，起起落落，变化无常。有些人做事没定性——昨天还热血沸腾，踌躇满志，今天就郁郁寡欢，斗志丧失了，具体是什么原因，自己也说不上来，反正就是突然觉得没意思了。

客观来说，自己的感觉变化，对执行力的确会产生直接的影响。那么，该怎么办呢？是等着感觉顺畅的时候再开始干活，还是硬着头皮强令自己干活？

客观来说，对个人的感觉变化，要有全面且理性的认识，并主动导入一些积极因素，持续压缩消极因素，塑造自己的积极心态，最终作用在对工作的执行力上。所谓积极心态，就是保持热情，保持进取心，正确面对问题，把问题当成挑战，积极想办法解决，而不是找理由逃避问题。

具体来说，工作中的心态受以下几方面因素的影响。

（1）个人感觉的驱动力。认识到个人感觉对工作执行力的作用，有些事情，道理很清晰，逻辑也成立，也明白重要性，但就是不想干，就是感觉没上来，没有产生驱动力。

（2）综合因素的作用。人的感觉变化，背后有生理因素、他人干扰、目标规划不清、积累薄弱、心理抗打击能力弱、对问题和困难缺乏认知、缺乏激励、受已有问题影响、看待问题单一化等因素的综合作用。我们要学会逐个拆解，逐个解决。

（3）生理因素导致的情绪低落。相关内容在下个章节具体展开。

（4）他人干扰。对付来自身边“垃圾人”的负面消极情绪干扰，办法只有一个——远离。虽然我们不能永远活在别人的鼓励里，但是也不能被别人随便几句话就打消斗志。

（5）缺乏目标规划。对未来发展没有明确的目标设置，也没有应对的规划作为路径和支撑，心里对未来很茫然，甚至认为未来就是对今天的重复，悲观看待未来。

（6）积累资源。看到自己这些年来没啥经济积累，心里就发虚，容易变得悲观失意。其实，可考虑给自己建立一个分类储备和定期回顾机制。所谓分类储备，就是将个人的职业技术、执行力、经验、经历、人脉关系、接触面、案例积累等，分类进行记录。定期查看：回顾各类事务的储备进度；对人脉关系，定期主动联系；看到越积越多的各类储备，自己在心理上也能获得正面支撑。

（7）心理抗打击能力弱。一个人太看重自己的面子，害怕丢脸和别人笑话，太在意别人的看法和评价，内心太脆弱，别人说点什么，或是批评几句，自己就受不了了。至于如何提升心理承受能力，最简单的办法就是多多上台演讲，适应面对现场群体的压力，这种方法可有效提升自己的抗打击能力。

（8）对问题的发生不能预知。对于自己可能遇到的问题及困难，自己在事前并不知道，在突然遭遇问题时，自然手足无措，无法规避和解决，只好直接承受打击。若是对可能遇到的难题提前有所察觉，或是将可能发生的问题提前开个清单出来，且不说在技术层面选择如何应对，至少在心理层面不那么慌乱了。

（9）缺乏激励。人不是机器，没有人会一直强令自己保持积极心态。疲累、厌倦、无趣、压力大等感觉常会出现，都是正常的。这时，需要一些正面的激励帮助消除负面情绪，或是给自己设置一些小目标，达成了就及时奖励自己。

（10）看待问题单一化。若只从一个角度看待问题，就会把道越走越窄，通俗说法就是走进死胡同，出不来了，自己把自己憋死了。若能从多个角度看待问题，不停地切换角度，不但能找到更多解决方案，还能改善自己的情绪，诸如：

①某个项目难度大、风险高，换个角度看：说明竞争对手也会少一些，或者竞争对手也在面对同样的问题。

②虽然某个项目的推进难度大，但换个角度看：好歹启动了，总比没落地强。

③学习，不一定是学习别人的先进方法和成功案例；换个角度来看，从别人的事故中看到吃亏在哪里、总结出教训等，这也是一种学习。

④面对出现的各类问题，换个角度看，这些问题肯定要出现，只是或迟或早、大小不同而已。一般来说，问题出现得越早，影响面越小，

损失越小，解决成本越低，总比以后出大问题好。

⑤对自己的出身和过去的经历不必太在意，因为这些都属于自己无法改变的范畴，“过去的事情就让它过去吧”，应该把更多的注意力放在自己能改变的事情上。

（11）负面因素的叠加。感觉是综合因素作用的结果，各类负面的因素叠加在一起，对自己的情绪打击会更大。而这种叠加，更多取决于你看待世界的态度。你选择相信什么，必然会在现实中进行收集和印证，再反过来佐证你的选择。你若是相信不公平，相信道德败坏，相信潜规则，你就会发现社会事务中越来越多的不公平、道德败坏、潜规则。这些负面因素若是被叠加在一起，对一个人的损毁力可想而知。若是你选择相信正面的，则会关注更多正面的因素，使自己的心态更积极。

1.8　生理因素对心理因素的影响

人的健康问题一般分为两类：一类是生理问题，另一类是心理问题。

生理问题，就是身体机能有问题，诸如头疼脑热、腰酸背痛、血压高、内分泌失调。

心理问题是指个人的脾气、心态方面的问题，如情绪反复、过于敏感、小心眼、疑心重、消极悲观，甚至出现极端或偏执思想，等等。

其实，人的心理问题往往又是生理问题带来的。通俗点说，身体的疾病，往往会反映在心理上。人有什么病，往往就会有什么脾气。所谓性格脾气遗传自父母，其实是体质遗传于父母，不健康的体质导致疾病的产生，疾病又影响了心理。

1．生理状态曲线对情绪的影响

人的生理状态主要由三个指标组成，分别是智力、体力、情绪。这三个指标并不是稳定的直线，而是有起伏周期的曲线。也就是说，在一定的时间，一般是 28 ~ 34 天，人的生理状态就会有一个起落周期，存在高潮点和低潮点。所以，人都会周期性地进入一个情绪低落、智力迷糊、体能乏力的低潮期（短则半天，长则三天）。例如在情绪低潮期，人会感觉做什么都没意思，什么都不想干，甚至觉得活着没意思。当然了，我们每个人也会出现相应的高潮期，具体表现为：情绪高涨，思维清晰，体力充沛。

2．客观因素对情绪的影响

生病、吃药、没睡好等客观因素也会对情绪带来影响。有些疾病带来的影响更直接，例如甲亢（甲状腺分泌失调），由于颅压和眼压的关系，导致患者异常敏感，疑心大，脾气暴躁，容易与别人发生争吵。

3．特定事件对情绪的影响

一些特定事件，例如丢钱包了、被领导批评了、班车没赶上、与别人发生争吵等，也会使人出现烦躁、郁闷、懊恼、暴躁等情绪，甚至热血冲头，行为失控。

4．联想能力对情绪的影响

有些人很敏感，有丰富的联想能力，通过一件事会联想到很多，甚至会有些迷信的成分混入其中。例如早晨出门看到一只黄鼠狼，往往会联想到这意味着什么——上次出门也看到过一次黄鼠狼，那天自己就出了点事情，今天会不会……联想能力过于丰富也会使情绪受影响。

5．注意力的聚散对情绪的影响

有人晕车，但自己开车则不晕车，因为他把注意力集中在开车上了。人在紧张的时候，感觉不到自己身体有什么不适。有些人在单位里每天忙得要命，并不觉得身体有什么问题，但一闲下来，则是这里疼那里痒，这是注意力从工作中转移开了。

6．饮食情况对情绪的影响

吹乐器前，要吃饱饭，因为吃饱了才有力气吹。而上台讲话，则要空着肚子上去，因为人在吃饱饭后，血液会集中到肠胃协助消化，脑部会短暂缺血，米饭也会导致血糖升高，会头晕，有困意。所以，在重要会面、思考决策，以及上台演讲前，要饿着肚子。这就是“饱吹饿讲”的基本原理。所以说，饮食情况也会影响人的情绪。

7．特殊时刻对情绪的影响

人在刚醒来后，大脑皮层还需要 20 分钟左右的时间才能完成充血，在这段时间内，脑子迷糊是正常的。所以，人在刚醒来的 20 分钟内，最好不要做重要的事情——不签字，不打电话，不做决策。

了解了以上常识，就可以更加理性地看待自己的状态，并从生理角度看待自己的性格与脾气，掌握规律，规避负面情绪的产生。至于星相学家和江湖术士所谓的血型说、星座说、属相说等，与人的性格脾气无关，纯粹是无稽之谈。

当然了，你如果发现自己长期处于情绪低落的状态，容易产生悲观的联想，那可能出现了精神类的疾病（如抑郁症）。这个时候，应及早咨询心理医生，及早接受正规治疗。其实，精神类疾病早期相对容易治疗。自己若讳疾忌医，拖成重症，治疗起来就麻烦了。当然了，有些人对精神类疾病的认知较有限，要么认为这不是病，只是自己这段时间状态不好，要么觉得这是件很丢脸的事情，不好意思看医生。这种错误的传统认知和回避思想，耽误了太多的治疗机会。客观来说，就像身体要定期做体检一样，人在自己感觉情绪状态长期不正常时，也应该找正规心理医生进行咨询或检查，以确保自己的心理健康。

1.9 理性评估自己的事业心

事业是干出来的，不是说出来的。

年纪轻轻的小伙子，几乎都认为自己能干出一番事业，可是有谁客观地掂量过自己吗？若无合理的规划，一味低头蛮干，没准儿到最后，不但自己的事业没干出来，钱赔了不少，还成了人家事业的一部分——被竞争对手吃掉。

那么，该从哪些角度评判自己是否有事业心呢？

1．做事业的根本取向

（1）选择：赚钱？赚更多的钱？持续不断地赚钱？一心奔着钱去？

（2）还是选择：从价值的角度看待个人的价值，企业的价值，对行业及社会的价值，力求实现多方价值。

2．做规划的意识

（1）目标是什么？阶段怎么划分？推进路径是怎样的？涉及哪些资源？如何整合？商业结构和营利模式是什么？将这些内容整合在一起，就是规划。

（2）若先干起来，信奉“车到山前必有路”，“到时候再说”，那么就是没规划意识。

3．早期筹备

（1）选择:基于整体规划，推算出前期要筹备的项目，持续进行筹备。

（2)还是选择:用到什么抓什么,有事到处找人,四处“烧香拜佛”求人。

4．策略与持续推进意识

（1）选择:做事有策略，能循序渐进，能保持推进，遇到困难想办法，变换策略，改进推进措施。

（2）还是选择：热衷于一步到位，或是虎头蛇尾，有难度就不做了。

5．个人品牌的建设情况

个人在事业起步的初期，仅有的资源就是自己，包括：你的行动力，你的个人名声，你的过往历史，你所掌握的经验技术。创业早期，其实就是在经营自己的个人品牌。所以，每个人在创业前都该仔细想一想：自己能在一开始就注重个人品牌，并保持履历干净吗？

6. 吃苦和牺牲的精神

虽然大家（这只能针对员工）都想把艰苦和奋斗分开，但老板不能。当老板注定是要吃苦的，甚至是要牺牲的，不但要个人牺牲很多，还得拉着家人一起牺牲，你能承受得了吗？你能提前做好思想工作，让家人跟着你一起吃苦和牺牲吗？

7. 遇到问题的态度

（1）选择：烦躁、恐惧、逃避、后悔，还是各种埋怨？

（2）还是选择：敢于积极面对，甚至通过经历问题进行学习和获得成长。

8. 推进受阻时的思维习惯

（1）选择：想方设法找办法、找渠道、找关系解决问题，还是通过各种创新解决问题？总而言之，就是要把这件事情推动下去。

（2）还是选择：觉得麻烦，开始为自己找理由搁置遇到的问题或干脆放弃。

9. 承担错误的能力

你敢于认错吗？能带头认错吗？能在别人都推卸责任时自己站出来认错吗？

10. 自我调整能力

事业上的苦，几乎无人可倾诉，只能自己劝自己。尤其在出现诸事不顺，所有人都和你对着干，最亲密的人都无法理解你的时候，遭遇各种不公平、歧视、被欺骗、被压榨、被利用、被戏弄的时候，你还能保持对自我的调整能力吗？

以上这十点，可对照做个初步的自检，看看自己是否都想到了，又是如何选择的。

1.10　不要自我设限

有句老话，人最大的敌人是自己。

前进的动力是自己赋予的，前进的方法是自己找的，放弃的决定是自己拍板的，后退的理由也是自己找的。事在人为，其进展是自己的主观意识决定的。

虽然大多数人想发展，想有更好的生活质量，建立自己的事业。很多人也曾经有过宏大的目标和理想，但最终能达成所愿的人少之又少，绝大多数人还是会归于平凡（虽然自己不甘）。抛开外部客观因素不谈，从自身的角度来看，主要来自自我设限。所谓自我设限，就是：

（1）抑制自己的思想发挥，认为过多的想象是无用的，甚至是罪恶的。

（2）否定自己的能力和创造力。

（3）不认为自己有潜力，而认为自己已经定型，不再有可塑性了。

（4）认定自己没这个命，折腾都是徒劳的，上半辈子还没过完，就已经确定了自己下半辈子的生活模式。

（5）高度认可别人对自己的否定：别人都说我不行，那肯定就是不行。

（6）过往的失败经历会使对自己的否定更加坚定。

总而言之，就是坚持自己给自己泼冷水。当自己主观上已经开始放弃理想、持续否定自己时，个人的发展前景也就可想而知了。可是，为什么会这样？为什么会出现自己限制自己的情况呢？原因如下：

（1）人的格局往往会随着年龄的增长而逐渐缩小：幼年时要拯救地球，少年时要改变世界，青年时要走遍世界，再大点则考虑职务的稳定，老了往往还会纠结小小的得失。因为，人总是要面对现实的。小时候有父母、家庭的庇荫，自己可以不考虑生存，不了解世间的艰辛，没吃过苦头，也没承受什么压力，思想自然会天马行空，怎么想都可以。不过，成年后人开始独立面对现实，面对竞争的残酷、资源的匮乏、人际关系的淡漠、生活的层层重压，在被持续打击后，自然也就不敢多想了，至少，不敢想那么大、那么远。想得越来越小，甚至越来越微观；格局小，也是在自我设限。

（2）在从小接受的教育中，非常重视对自己脸面的维护。为了不丢面子，不做出格的事情，不能承受失败，非常在意别人的看法。为了避免因失败而丢面子，那就不要冒险了，循规蹈矩、随大流最好了。接下来，必然会以常人的标准要求自己。

（3）有的人出于对前辈及传统观念的尊敬，诸如“不听老人言，吃亏在眼前”云云，认为资深前辈的否定和反对一定是有道理的，再叠加一堆暗含否定的传统观念，会感觉从古至今都找不到自己能成功的道理，于是选择放弃。

（4）曾经的失败对自己必然也是有打击的，正常人的抗打击能力有限，受到几次打击，基本上也就偃旗息鼓而很难有所作为了。

（5）自卑心理作怪。有人见了太多“牛人”和“大神”，便觉得别人运气好，别人有资源，别人关系到位，别人有号召力，相比之下，自愧弗如。

行为决定结果，思想决定行为，想象力决定思想。按说，想象力应该是不受限制的，天马行空，怎么想都可以，敢想是最起码的。若是连想都不敢想，就等于把自己封闭了，也就是自我设限了。

了解了以上对自己设限的原因，那么，该如何避免自我设限呢？

（1）懒，是个人发展的大敌，思想深处的这根懒筋不剔掉，无数的放弃理由就会源源不断地汹涌而来。

（2）要对自己负责，对自己的未来负责。确定自己的发展方向后，就要坚定地走下去，遇水架桥，逢山开道，不能一遇到困难就放弃。自己今天的每一点退却，都是在拆毁自己未来的理想塔。

（3）客观看待来自别人的否定意见乃至强烈反对。别人不能代表你，别人也不会为你的未来负责，你也不是在为别人的看法而活。别人的反对，也许只是闲着没事，随口说几句而已，可能是个人的主观看法，可能只是基于个人有限的经验和见识（当然也许是好心）。但是，一直给你泼凉水的人，往往是看不起你的人，或是不希望看到你成长进步的人，难道自己非要没事找事去迎合他们？把他们的评价看得更重，甚至有意迎合他们的评价标准？

（4）客观看待困难。困难是肯定会出现的，甚至是发展路上的标配。

无法回避的，那就干脆主动面对，提前了解，提前预防，早做准备。每次出现问题就处理问题，这也是锻炼和学习的机会，在解决问题的过程中吸取经验教训，完善自己的知识结构和运营体系。有些人也是不打不相识——化敌为友，使其成为自己的人脉资源，把坏事变成好事，有何不可？总体上算下来，经历各类问题，给自己长了见识，强化了能力，结交了更多的人，这些都是有价值的，自己不吃亏。抱着这样的想法，抗打击能力才会逐步提升。

（5）不要怕丢面子。面子涉及别人的看法。因为怕丢面子，怕被别人看笑话，不敢想、不敢说、不敢做、不敢坚持，到最后，自己一事无成，也没保住面子。只有自己坚持下来，把事情做成了，才是真正有面子。

（6）已经掌握的知识和信息是在不断折旧的，所以要保持学习，不断充实和更新知识。对于自己不知道、不了解的，要敢于承认，然后抓紧时间学习、了解，不能用过时的经验和方法判断新生事物，否则很容易得出一些消极论调。或者主观上觉得自己不会，也学不会，搞不了，那最终只能“别玩了”。

（7）三十年前不要怕，三十年后不要悔。年轻最大的资本就是时间，在不犯法的前提下，多些尝试和验证。开创新事业，就是要在不可能中找出可能，冒点险，吃点亏也没什么。若是什么亏都不想吃，一点风险都不想担，做什么都要万无一失，终将一事无成。

（8）大脑只会越用越活。自己懒得动脑，长期如此，就会封闭自我。

（9）别被各类提倡安于平淡的老调子所误导，尤其是“淡泊名利”“平淡是真”之类的论调。

（10）若自己的目标不明确，规划不清晰，基础不牢固，自己心里没谱，会更容易受外部消极意见的干扰。自己有了主心骨，才能坚定地走下去。

（11）客观来说，不能强求他人理解你，唯一能安慰自己、鼓励自己、支持自己的，只有自己。若是自己选择放弃，那离理想就会越来越远。

1.11　客观看待运气

总有人认为存在“运气”这个东西。

一旦自己没办成事情，或是搞砸了，目标没达成，机会错失了，失败了，亏钱了，等等，都会归因到运气差上。自己的事情没做成，是自己的运气不好；别人成功了，是别人的运气好。

看上去，自己与别人的主要区别就在这个“运气”上。

可是，运气这个东西很微妙，看不见，摸不着，买不到，借不到，那就只有等了。在等的过程中，有时候人就开始迷信了，试着把外部客观因素与运气之间做些关联，希望这样能给自己带来运气。这些迷信包括：相信某种天气，也许是某个人，也许是某件衣服，也许是某个座位，会影响自己的运势，甚至会请一些“高人”分析是谁坏了自己的运气和风水。

为什么有些人喜欢强调运气？

（1）回避责任，强调这不是自己能控制的，自己无能为力，是运气不好，反正与自己无关。

（2）不想认真分析，直接将责任推卸到运气这个层面，一句“运气不好”就都解释了，多简单。

（3）没有能力，也不想辛苦，干等着就行，等运气来了，轻轻松松就把事办成了。

（4）过于简单地看待别人的运气，认为别人的成功主要是运气好。

（5）坚持把成败的原因归结于运气，这其实是无能之人的自我麻痹。

那么，客观来看，这个运气究竟是什么？成功与失败真的能用运气来解释吗？

（1）努力付出，也许不会成功；消极被动等待，一定不会成功。

（2）不要把偶发性事件当成定律，例如看到有些人学历低也照样创业挣大钱，于是就认为书读多了也没用。事实上，创业成功的人中有很多接受过高等教育。再例如看到有人炒股赚大钱，于是就认为自己炒股也能赚钱，事实上，靠炒股赚钱的概率实在不高。

（3）总认为别人的运气好。其实，人往往只看到了事情表面，对于对方努力付出、所承担的风险、背后无数次的失败，自己并不知道。这就好比神枪手随手一抬即可打中目标，看似射击很简单，其实这是长期艰苦练习的结果。

（4）别人自称运气好，那也许是客气话，也许是低调和谦虚。

总而言之，运气是一种概率事件，不是等待来的，而是努力的自然结果。所以，我们要换个角度看待“运气”。

（1）认认真真做事而不是靠撞大运，在前期有目标、有规划、有准备。

（2）三思而行。不仅自己想到了，或规划到了，还要有强大的执行力和自律来确保推进执行，面对各种事情有快速反应能力，不然，机会来了也抓不住。

（3）相关基础工作越全面越牢固，起点就越高，站得高才能望得远。站在这个基础上，机会来了也能抓住，因此基础工作就是事业成功的垫脚石。

（4）大量积累，持续投入，不断尝试，能碰触到的机会自然就会多一些。射击的命中率高，不是因为运气好，而是背后有大量训练在支撑。

（5）基础工作的夯实，个人品牌的建立，接触面的扩大，都会不断增加机会点，这就好比在不断地埋下种子，种子埋得越多，发芽破土的概率也就越高。

运气是一种概率事件，不是单纯的、随机的概率事件，而是有提升可能的概率事件。规划、筹备、基本功、投入、执行力等因素的叠加，都可提升成功概率。当然了，事业成功了，你也可以把“运气”作为低调的谦辞。

1.12　在部队积累的人事管理经验能直接用吗？

有些退役军官在分析应聘岗位时，往往存在这样一个观点：专业技术也许存在不对口的情况，但自己在人事管理方面应该没问题。自己作为军官，原来在部队就一直涉及人事管理工作，由于军队人事管理具有系统性、复杂性、严肃性，且强度比较大，若是用到地方企业里，应该能轻松胜任，甚至是降级使用了。

底气源于自信，自信来自经历。他们之所以这样想，是因为基于服役期间的相关工作经历。

（1）在部队就做人事管理工作，也做了这么长时间，至少也是个熟练工种了。

（2）部队对人事的管理标准更多，要求更严格，肯定比一般企业对人事管理的要求高。

（3）铁打的营盘，流水的兵。自己见识过各个地方、各种背景、各种性格的人；对各种不听话的“刺头”也见多了，最后他们还不是被自己收拾得服服帖帖的。

（4）与上级单位、兄弟部队等之间的横向交流比较多。除了部队内部，自己与地方政府机关、事业单位、企业家、社会知名人士，以及社会上的各色人等也有接触，因此并不存在与社会脱节的问题。

（5）自己在部队里也换过若干单位，在新环境、新的人事关系里，照样可以很快上手，这说明自己有很强的适应能力。

（6）在军队的管理工作中，以丰富的理论学习为基础;在实际工作中，既能严格遵循规章制度，也能讲感情，“动之以情，晓之以理”。

总而言之，在管人这件事情上，无论是理论还是实践，退役军人觉得自己所掌握的管理技术是足够用的。说到根上，人事管理的核心也就是与人交往。这有什么难的？只要自己能真诚待人，不徇私利，按照既定规章办事，坚持公开、公平、公正，还有什么人相处不来的？再说了，要求不了别人，要求自己还不行吗？凡事自己带头做表率，做好火车头，还怕车厢脱轨？

人过分的主观自信会导致对客观难以准确评判，也很难换位思考。

客观来说，从部队退役之后，若是进入公检法系统、政府单位、事业单位,匹配度相对好一点。若是进入商业企业,尤其是中小型私营企业,这军版人事管理经验的适用度可就没那么高了。自己若是直接照搬照抄这些经验，很有可能出现政令不通、不被认可的情况，甚至引发上下级冲突，使自己被迫转岗乃至辞职。

毕竟，从军队到地方，对于退役军人来说，由于背景环境不一样，价值取向不一样，对管理的认知不一样，管理对象也不一样，必然会出现“水土不服”的情况。所以，不能简单沿用以前在部队中的管理思维和行为习惯，而是需要提前进行全面的重新认识，理性分析，找准自己的位置，对管理方式做出调整。

部队管理和企业管理在哪些方面存在差异?

1. 价值观和使命感不一样

军人是为了什么? 保家卫国，维护国家安全，维护领土完整和国民尊严。参军入伍，践行的是一种奉献精神，为国家奉献，所以，可以吃苦受累，可以不讲条件，甚至可以流血牺牲。

那么，企业是为了什么? 企业的存在价值，一般上升不到国家高度。若是商业企业，运营是为了利润，甚至是为了老板个人的利益。员工来企业上班，只是自己与企业的合作与交换关系，能做就做，合不来就走。

为了国家，可以不讲条件，甘于奉献。为了企业和老板的利益，那就得算算账才行。

2. 标准程度不一样

军队管理是高标准化的，且不说军事动作，就连日常生活也有诸多标准，如吃饭睡觉、铺床叠被、语言动作，无一不是标准化的。军队的实施逻辑也很简单，按照既定标准执行，甚至下达一个口令即可。

企业也想提升运营管理中的标准化水平，建立统一的标准，让大家遵守。但是，员工在自身的基础素质、已经形成的习惯、工作量及技术难度、员工之间的相互影响，乃至对公司的抵触情绪等因素的综合作用下，对公司所确定的标准化要求难以百分百达成，实际执行率有限。企业的标准更多还是以历史经验为导向的，且各自标准不一，甚至很随意化。

企业若是过于直接、过于强硬地在员工群体中贯彻高标准，推行难度会非常大，很容易遭到员工群体的抵触，这绝非像在军队中下达一个口令那么简单，需要有策略、有铺垫，要分类对待，还得循序渐进。

3．严格程度不一样

在军队中，管理风格自然是硬性的，“一就是一，二就是二”，强调服从原则，没什么可商量的。诸如“到时候再说”“差不多就行了”之类的说法肯定是不行的，领导也不需要听那么多的借口。军人出现违纪的行为，处罚是马上就有的，而且会扩大化，一人犯错，全班受罚，甚至可能被关禁闭。

在企业推行这样的硬性管理方式，则未必行得通。领导拍一下桌子，没准儿下属拍得比领导的还要响！领导下达了指令，员工也不见得都认真对待，轻则消极怠工，严重的会当面吵起来，甚至撂挑子不干了。

相对于军队，企业的管理风格要宽松许多。当领导还是要平易近人，设法与员工打成一片。

4. 对权力的认同不一样

在军队里，自然是认职务，哪怕下属不认识你，看到你的军衔，他必须敬礼，还得服从你的指挥。

在企业里，虽然也有组织架构和各级主管授权，但在实际工作中，则是先认人，再认职务。下属觉得你这个人不错，能为大家着想，遇事能主动站出来扛着，技术上能和你学到东西，你能帮大家争取福利，才会愿意和你相处，接下来才会有效接受你的工作指令。若你与下属相处不来，只会发脾气，那下属的执行力就可想而知了。

所以，在企业的人事管理中有句话：职务是老板给的，但权力是下属给的。下属愿意服从你，愿意听你的，你才算真正有权力。

5. 规章、制度的威慑力不一样

军队是个严肃的地方，红线多，违规必罚，轻则体力吃苦，重则关禁闭，甚至送军事法庭。这些处罚措施罗列出来，看着让人心惊胆战，所以，纪律、规则的威慑效果非常明显。

企业里肯定也有规章制度和红线，员工犯了错，一般就是口头批评、罚款、降级、调动，最多也就是解聘。但是，员工首先不一定认错认罚，而是各种推诿扯皮，即便被罚了，也会想办法在其他地方找补回来。若是做得不开心，员工随时都会走；若是处罚重了，或是被开除了，员工还会上诉到劳动监察部门，与公司打场官司。所以，企业的规章制度和红线对员工的威慑作用是有限的。

在部队，有时候可以对战士施加一些群体压力，一人犯错有可能导

致全班受罚，但是，在企业里可没法这么做，因为公司没有权力要求其他无连带责任的员工也承担责任。

6. 职业取向不一样

为什么来军队当兵？这个答案很简单，也趋于一致：报效祖国。

但对于为什么来企业上班。这个问题，答案可就多了。不一定是为了解决生存问题，不一定是为了钱，也许是为了学习技术，也许是出于消磨时间的目的，也许是创业前的全面体验，也许是阶段性过渡，也许是为了找对象，也许是为了享用企业的资源，也许是图上下班方便，也许是为了自己的兴趣爱好，等等。

在企业做人事管理，若没把每个下属员工的入职取向搞清楚，在管理、工作分配、激励等方面，就很难达成有效执行。

7. 管理的深度不一样

军队里的士兵也是年轻人，但在军队的整体管控下，个人的自由度少，对军队的价值观接受度较高，容易形成强烈的荣誉感。更为关键的是，士兵在被完全管理的状态下，自身几乎没什么隐私，私人物品集中管理，甚至思想动态都得交代。

企业里可没有那么多的严格要求，年轻员工自然更加开放，更加自我。私人生活不能干涉，员工对企业和上级领导给予的荣誉与肯定也没那么看重，员工不愿意的话，不接受调动，甚至随时会离职不干。

8. 管理流程不一样

在军队里，管理是被分级分解的，有健全的标准流程，有严格的监督处罚措施，更重要的是各级下属给力，编制健全，且在思想觉悟、理解能力、专业能力、执行力等方面是达标的。甚至可以说，领导越大越好当，因为有那么多的得力下属在帮你分担。但企业的管理分级不明确，不严格，甚至不分级。

退役军官进入企业做管理工作时，就不要一直保持在部队的管理思维了，要有归零心态，重新认识，重新学习，客观认识企业中的人事管理现状和特点，尤其是与部队人事管理之间的差异点。在行为上，自己得先放下身段，平等看待下属，主动了解员工的背景和就业取向，沟通协商为主，指令要求为辅，并主动考虑员工的情绪状态、收入、个人成长、私人生活质量等方面的因素。

1.13　退役之后，你还能管谁

在服役期间，谈到对人的管理，自然是上对下的管理。

相对地方企业的人事管理，部队的人事管理线条要清晰很多，毕竟职务层级清晰，专业分工、权限划分明确，工作内容分解量化，责任归属都很清晰。最起码，自己是个老兵，面对新兵总是有些管理权力的，说出来的话还是好使的。

军队的管理风格总体是偏硬的。首先是规章制度和纪律条例都摆在那里，严格按照既定规定办，对事不对人。监督审查机制一向铁面无私，帽子戴歪或是没扣上风纪扣都不行，一点儿也不能马虎。士兵都是男子汉，管理直来直去，简单又高效。

军队的管理，是为了完成任务，达成目标。为此要克服困难，要想办法而不是找理由，大家必须往一个方向努力，不考虑成本，也无暇顾及个人感受。遇到危急险重任务，甚至会不惜一切代价，保证完成任务。

可在退役之后，你失去了军衔和权力，还能管理谁呢？

1．在地方单位里的人事管理

退役军官直接走上管理岗位，若是还按照军队的硬性管理风格，强调下属的绝对服从与执行，或坚持“对事不对人”的原则，估计在一般单位里都会遭遇“水土不服”的情况。

毕竟，在部队中，大家有着共同的价值取向（为国建军），有着严格的纪律条例作为管理保障。而地方单位（或纯商业机构），员工的价值取向多元化（员工来单位上班的原因各不相同）。虽然地方单位也有惩处措施，但远远不会像军队那般严格。

在地方单位里的人事管理效能，有基于管理者的个人威信的因素。下属认同你个人之后，才会承认你的职务，才会听从你的指挥。

即便你认为自己很优秀，有善心，会真诚待人，会想方设法为大家争取利益，更会认真工作，以身作则。可是，你怎么把这些体现出来呢？别人能识别出来吗？一定会接受吗？在一般单位里，以身作则更多只是自律标准，很难以此要求别人。

2．客户管理

在极个别的垄断性企业里，你可以在客户面前摆摆谱，提提要求，常规意义上的客户，更多是甲方，不为难你就算客气的了。

3. 自己创业时的管理

若自己直接当老板，自己招人自己管，看似简单点。

实则不然，在初创型企业里，员工是要“哄”的。毕竟公司新创业，规模小,社会地位低,待遇有限,发展前景不明朗,员工能来上班就不错了，对老板的信任度和忍让度有限。在这种情况下，严格管理是行不通的。

4. 社会事务管理

回到地方，各类社会事务都得亲自办理：各种手续要办，各种材料要准备，要排队，要接受各种“审问”。别的不说，光一个小区物业的沟通和事务办理就够你折腾的，这时你才明白，究竟是谁管谁。

5. 与以前的老部下的关系管理

战友情是一辈子的，退役之后，也许彼此交往的机会更多了，有些老部下也许还会听你的话、听你的劝，其实，他们是给你面子，你要冷静看待，适可而止。

6. 家庭管理

你在外面管不了别人，在家里总还是家长吧。家人在一起相处，应该会简单多了吧？不见得，家人相处照样不是那么容易的，至少不要那么认为，诸如老人太犟、不听劝，孩子进入叛逆期，伴侣还想管着你。到最后，你会发现谁你都管不了。

客观来说，军事化管理，是对部队这个大环境和岗位平台的特定要求。军队有严格的标准，有清晰的奖惩措施，自己也许是标准的建立者，指令的发布者、监督者，甚至可以做到对事不对人。但你一旦回到地方，回归家庭，再延续这种管理风格就不太适合了。

那么，退役之后，你到底还能管谁？

（1）你只能管自己。

（2）你在别人面前，更多扮演一个协调者的角色，或只能影响别人而已。

（3）你要基于对别人的了解，通过有效沟通、客观协商、利益保护等，与别人达成一致意见，而不是让别人简单地服从你。

（4）你要学会换位思考，主动思考被管理者的所思所想。

（5）你要将自己的精力更多放在对物的管理上，因为物是死的，你可以随意处置。

（6）更多对自己提要求。当然了，自己能做到的事情，不代表别人也能做到，你不能把自己能做到的作为对别人的要求标准。

第2章　退役后的基本筹备工作

2.1　为什么要设定退役之后的筹备期

正常人在某些阶段，偶尔有些迷茫属于正常现象，只是别陷进去太深，要及时找出原因，及早解决，及早脱身。若陷入太久，对自己的身心损伤太大。

退役后会经历不同的阶段：从军队到地方；从部队到家庭；从与战友的相处，到与家人的相处，再到与新同事、新客户的相处；从严肃有序的环境氛围，到自由宽松乃至无序的环境氛围。你会有种“断片”感——从紧张忙碌到突然闲下来，也没人管自己了。

由于自己的所处环境、相处对象、价值取向、工作内容及性质等发生了各种变化，以及各种自己想到的、没想到的因素错综复杂地交织在一起，很容易使自己陷入迷茫，诸如：

（1）每天浑浑噩噩，不知道该干什么，也不知道自己的明天在哪里，看似有无限种发展可能，实际情况却是处处走不通。

（2）对什么事都提不起兴趣。

（3）自己在军队中获得的成就和荣誉，在新的领域不被认可，还不断被人否定，自己也觉得这个做不了，那个也做不了，甚至感觉自己快被社会淘汰了。

（4）时而自大，觉得自己经历过很多常人一辈子都未曾见过的事情；时而自卑，觉得自己运气不好，发展得也不好，参军这些年耽误了自己太多的机会。

（5）个人状态不好，易怒，与身边人的相处也会出问题。

难题接踵而来：自己接下来要做什么？方向在哪里？当前遇到的问题如何解决？各种不顺和麻烦交织在一起，不可避免地使人思绪纷乱，对未来感到迷茫。

这种迷茫的出现，从某种意义上说，是正常的，很多退役军人都会经历这个迷茫的过程。可是，若迷茫持续时间太长，会对自己的信心产生较大的负面影响，甚至导致连续数年陷于这种消极状态中，同时，对个人的外在形象也会产生一定的负面影响。所以，应及时分析，客观看待，调整思维，采取措施，及早走出来（只能靠自己走出来，不能指望别人带你出来）。

迷茫的背后是缺乏规划和筹备不足。

所谓规划，就是分别在生活、工作（就业）、事业（创业）等方面，设置目标。再对目标进行分解，如分时间、分模块、分阶段，之后根据分解目标，设计推进路径。把这些东西汇总在一起并不难，就是一张图表而已。当然，做规划，最忌讳“到时候再说”。

规划主要解决以下几个问题。

（1）在理论层面解决个人发展方向的问题。

（2）明确自己前进的方向，不茫然、不迷失、不彷徨。

（3）实现从无序状态到有序状态的转变。

（4）减少别人对自己的影响，不盲目遵从别人的意见。

（5）聚焦自己的时间和资源，不分散、不浪费。

（6）个人发展目标的达成是多方面因素共同作用的结果，某一两项单点优势并不能完整支撑起自己的发展。所以，应基于整体规划，对个人当前的实际情况进行理性评估，至少要明白，自己还缺什么。

（7）可逐步培养身边人对你的认可和信心。

规划之后是筹备。所谓筹备，就是基于已经做好的规划，推算需要哪些资源，如技术、资金、人脉、个人信誉、经验、经历等，以及各类需要提前做的准备工作。毕竟，可以一步到位和马上见效的事情屈指可数，许多事情需要提前做，就连人际关系，也得一点点积累起来。不然，光有规划，没有筹备，那也只是在一味地等待。当然了，筹备工作，最忌讳的就是怕麻烦，不肯坚持。

做好筹备工作，需要解决以下问题。

（1）提前知晓哪些工作需要提前做。

（2）主动、有策略地推进。

（3）保持每天都在向既定目标一点点推进。

回头看看，已经有越来越多的积累，不断有实质性的推进，个人影响力在扩展，别人对自己的认可度在提升，自己内心自然是充实的。

化解当前的迷茫，走出消极状态，需要以规划和筹备作为支撑和引导。有规划，就有了行动的方向；有筹备，就有了实现目标的基础。

2.2 退役后的筹备期需要多久

刚回到地方，你打算做什么？

从零起步，看似有无数种可能、无数种选择、无数种憧憬、无数个机会。但是，请冷静一下，刚回到家，先别急着确定新的发展方向，要给自己留一段筹备期。

1. 为什么要进行筹备

目标的达成需要整体规划，包括早期的筹备、有策略的推进，尤其是各方面资源的整合和置换。

开门见山，直奔主题，看似速度最快，其实，往往可能欲速则不达。从某种意义上说，越想办大事，越要注意早期的筹备和策略。

刚从部队回到地方，需要做的准备工作很多：情况要熟悉，落差要适应，个人形象要重新塑造，基础职业技能要掌握，要做整体规划。这些都需要时间——一段相对安静的时间，一段使自己处于冷静状态的时间。不能光凭一腔热血，就急于进行实质性的推动。

2．要准备应对竞争

就业竞争激烈，创业竞争更激烈。机会是抢来的，不是等来的。当然了，这就需要对自己提出更高的要求：不是合格就行了，而是要有明显的领先优势，要有差异化特征。

不过，刚从部队回到地方，甚至以前都没正式上过班，完全没有职业经验，也缺乏相关的职业技术，直接与其他人展开竞争，自己的胜算实在不高。

为了应对竞争，建议从以下三个方面同时入手。

（1）了解当前的实际情况，包括用人单位的需求、竞争对手的情况、创业市场的现状等。

（2）提炼在从军经历中所积累的优势，这是社会人员所不具备的。

（3）加强学习，尤其要加强短时间内的高密度、高标准的学习和锻炼。

3．筹备要花多长时间

从退役开始算起，大概要花费 1 ～ 3 个月的时间进行相关事务的筹备工作。

4．筹备期要做哪些具体事情

（1）首先是基本的适应，面对各种刺激和各种落差进行全面客观的了解和自我调整。

（2）对整体发展做出规划，需 3 ～ 5 年时间。

（3）资源清理，诸如自己掌握的技术和资金、相关的社会关系、能调动的外部资源。

（4）加强基础类职业技术的学习，也就是通用类的职业技术，如驾驶、计算机软件、常用英文单词、普通话、速记、商务礼仪、人际沟通、公文写作等，这些学习任务需要耗费一定的时间，也只能在筹备期完成，因为一旦正式上班就没这么多可调用的时间了。

（5）个人形象。要从外形、穿着、言谈举止、表情控制、人际交往出发，打造个人形象，尤其要注意个人的语言禁忌，避免祸从口出。

（6）对家庭内务的整理。一方面延续在部队的内务习惯；一方面强化自己的内务管理意识和能力，今后进入新工作单位，至少在内务管理这个模块要领先其他人。前期先从家庭内务管理开始，包括环境整洁、危险点清查、设备检修维护、各类家务汇总和时间点标注、缴费类事务的标注、各类卡号账户的管理、重复固定类事务的标准、物品清理分类贴标签及定位存放、应急物品的管理、出行物品的管理等。

5. 接触工作

这里所说的接触工作，并不是面试上班，而是在一个较为宽松的环境下，接触工作环境。例如你可以在熟人的公司里帮几天忙，做短期临时工，也可以去招聘会现场与招聘单位进行沟通，等等。

6. 向家人说明

自己毕竟是退役在家，没个正经工作做，家人对此肯定有些着急，且自己的这段筹备期还要持续数月，所以，事先要向家人有所说明。

（1）先说明当前就业和创业的整体局面。

（2）分析自己的实际情况和短板，做一些前期的准备和提升工作。

（3）阐述整体的发展规划。

（4）说明当前各类事务的推进安排与落实情况。

（5）不要在家人面前闲着玩手机、玩游戏、四处瞎逛、睡懒觉、喝酒等，以免让家人产生误解。

7. 筹备好之后再见人

刚退役回家的第一个月，建议你最好不要与人过多交往，再好的战友、朋友，乃至亲戚都最好不要见面，在朋友圈里也不要发自己已经退役回家的信息。

这里之所以建议不要见人，是因为自己还没有准备好，对自己的状态、形象，所要传递的信息等都没有进行梳理、定位和提升。若是因为形象不佳，谈吐随意，状态消极，甚至酒后失言，在别人心目中形成负面定位，后期就很难改变了。毕竟，别人可没有耐心接受你的慢慢改变，甚至你自己觉得无所谓的缺点，在别人眼里可能会被放大。

之所以强调你在别人心目中的形象，是因为个人发展离不开对别人资源的整合，也许是一个关系，也许是一个信息，也许是技术、渠道、资金等。成功对别人的资源进行整合，前提是获得别人对你的认可，认可首先来自个人的外在形象和行为举止，所以，在筹备期内，要完成个人外在形象和行为举止的调整和塑造工作。

2.3 重新适应你的家庭关系

从军队回到地方，要适应的内容很多。按说，家庭关系是最不需要适应的。毕竟这是自己的家，自己太熟悉了，是自己可以完全放松身心的港湾。家难道还需要重新认识和适应吗？事实上，家庭关系正是退役军人回到地方以后做好各类适应的第一站。

服役期两年的义务兵，刚退役回家时，家庭结构基本不会有太大变化：自己可能还是父母呵护的孩子，也许还能延续服役前的状态，最多升级成叔叔或舅舅了。已经成家的退役军官（男性居多）就不一样了。正式退役回家之后，妻子往往会把整个家庭的管理责任移交出来，他需要成为一个不折不扣的家长。那么，作为家长，要承担哪些责任呢？

（1）做出家庭的整体发展规划，让全家对未来充满希望。

（2）整理财务收入与开支预算。

（3）对房子、车子、装修等需要巨大开支的事项进行规划和管理。

（4）加强对老人的照料和陪护。

（5）对孩子的学习与教育负责。

（6）进行家庭安全防护。

（7）进行家族关系维护。

（8）规划各类人际交往。

（9）使家人的生活质量和精神状态保持稳定。

（10）做好家庭生活的各种保障性事务（维修、保养、缴费）。

以前这些事情主要由妻子承担。现在移交给丈夫了。妻子希望丈夫能把整个家维护得更好，带领一家人过上更好的生活。

可是，刚退役回家的丈夫是什么状态呢？也许存在下面几种可能：

（1）压根儿不知道一个家庭有这么多事。

（2）觉得自己抓几件大事就行了。

（3）已经当了这么多年甩手掌柜，不习惯面对这么一大堆烦琐的事情。

（4）觉得这些都没什么难的（相对于自己以前在部队的工作），手到擒来。

（5）按照以前在部队的强势管理习惯，把事情交给其他家人处理。

退役军人若抱着这样的思想，两口子不吵起来才怪。若家庭关系处理不好，怎么能调整好自己，面对新的工作和事业？

客观来说，退役回归家庭后，退役军人所要承担的家庭责任会更多，家人对自己也会有更高的期望。这个时候，退役军人就不能按照自己的主观看法行事，或是接续以前的家庭角色，只习惯于干自己的事，而应多与妻子沟通，体谅妻子所承受的压力和艰辛，承担起原来一直由妻子承担的家长职能。

军人以前在部队工作辛苦，回家就是放松。妻子、孩子都围着你转，你每天都可以吃好喝好。妻子早晨起床都要轻手轻脚，就为了能让你多睡一会儿。现在退役回家了，你的身份转换成了一个全面负责的家长。你是大服务员，是全能维修工，是厨师，是司机，是会计，是清洁工，是教学辅导老师，是安全员。所有的难题，都需要你搞定。同时，你也是家里最大的压力承受者。

即便是家人，也不见得都能理解你，没准儿还得承受家人对你的抱怨和指责，孩子对你的不理不睬（尤其是进入青春期的孩子）。当然了，人无完人，被指责也正常，只是在外部场合，出于中国人的含蓄和委婉，指责的话一般不会当场直说。反而是家人会真实且直接地表达出来。对此，你能适应吗？你能接受吗？这口气你能咽下去吗？

别以为家庭事务都很简单。真正当了家长之后，你就会发现自己将要面对很多以前没接触过的新问题。光子女教育问题，其复杂程度就远远超过你在单位处理的任何事情。青春期的叛逆问题，其应对难度远远超过搞定一个大客户。

家庭要经营。和谐美满不是自然而然的结果，而需要前期的整体规划、细致管理、精心维护、全力应对以及各类策略的设计与运用。作为家中的顶梁柱，你应该做好这一切。

当好家长，经营好家庭，同时也是在夯实自己未来的事业基础。因为无论是打工还是创业，都需要有个稳定的家庭作为支撑。你进入事业高速发展期时，自己照顾家庭的精力又会下降，而稳定有序的家庭状态能避免你陷入两头（事业与家庭）乱忙的尴尬境地。

2.4　与孩子的关系

以前，作为军人，工作繁忙，在家时间少，对孩子管得少，甚至相处陪伴的时间也少。前期孩子基本上由妻子或家里老人照看。自己退役之后，自然要承担对孩子的照顾任务了。

照顾孩子是个技术活。孩子处在幼年时，重点在确保安全，有吃有喝。孩子大了之后，涉及人身安全、身体发育、学习、性格、思维、沟通方式、社交关系、行为习惯、价值观、金钱观等方方面面的教育和引导。从某种意义上说，父母要成为全能型专家才行。退役军人刚开始照顾孩子往往会带有主观认知，诸如：

（1）由于自己前期忙于部队工作，对孩子的照顾较少，甚至相处陪伴都少，心里对孩子难免有些愧疚感，存在补偿心理，对孩子的要求会尽量满足。

（2）在部队也要抓人事管理，各式各样的年轻人乃至难缠的“刺头”见多了，自认为对付小孩子游刃有余。

（3）自认为和孩子关系也挺好，孩子也很听自己话。这是因为前期你不直接介入孩子的生活和学习辅导，不提要求，矛盾冲突少。

实际情况往往没那么简单。若孩子还小，尚在幼儿园或顶多到十岁，基本上还属于幼童阶段，家长对其管教相对好办。若孩子再大点，十多岁，上初中了，进入青春期了，麻烦事就来了，尤其是孩子的叛逆问题。

孩子在叛逆期会出现各种问题：不搭理人，学习松垮，交友质量堪忧，晚上不睡早晨不起，一天到晚耷拉着脸，明里暗里跟父母对着干。这到底是为什么？是自己上辈子欠孩子的？还是妻子或家里老人在前期没把孩子管教好，惯出毛病了？叛逆期的孩子，小小年纪就一堆毛病，这长大了可怎么办？

客观来说，绝大多数孩子在进入青春期后，都会有叛逆表现，或多或少而已。孩子长大了，有自己的独立思想了，不再是个简单的、听话的宝宝了。这是作为父母必须面对的现实问题，是无法逃避的。别看军官在部队时威风八面，手下管着那么多的兵，自己一拍桌子，能把一群大小伙子吓得大气都不敢出。可一旦回到家，一个毛孩子就会让你没脾气，你还能把自己不懂事的孩子抓去关禁闭？所以，如何处理孩子的叛逆问题，才是对家长的大考验。

孩子是父母的复印件，孩子出了问题，根源在父母身上。所以，还是得先反思父母自身的问题，自己有意或是无意的一些行为举止，导致孩子叛逆，诸如：

（1）父母太唠叨，把孩子说烦了。当然了，别说孩子，妻子唠叨，丈夫也会烦。

（2）自认为小孩子不需要讲什么面子，因此自己在有意无意间让孩子当众丢了面子。尤其是让孩子在同学面前丢面子，孩子必定会对家长心存怨言，打又打不过，吵又不敢吵，只好把气憋在心里，一点点释放。

（3）对待孩子的兴趣爱好问题，父母一般持价值导向，觉得学这个东西今后未必有什么用；而孩子一般持兴趣导向，看重学习过程中的乐趣。客观来说，有价值的东西，也许在学习过程中并没有让孩子产生什么兴趣，若家长不设法培养孩子的学习兴趣，而是一直强调价值，强调苦学，必定会导致孩子厌学。举个例子，对学习英文这件事，若父母强调学好英文今后可以进外企，畅行世界，孩子会觉得太遥远，若把学习英文的点放在孩子眼前感兴趣的事情上，例如可以玩英文版的游戏，可以看英文版的电影，孩子就会有学习的动力了。

（4）父母把自己过去的成就和辉煌翻来覆去地说个没完。这类父母在孩子面前容易失去话语权和权威感，因为这类父母的成就止步于过去，没有新的发展和作为，当前也没有什么能让孩子崇拜的成果。而且，对未来也没有一个清晰的规划，今天往东，明天往西，孩子能感觉到父母的想法欠妥，就会越来越看不起父母。

（5）父母过于主观，观念老化且固化，抗拒新生事物，无视社会的客观发展规律，对孩子喜欢的新生事物也不屑于了解，更别提与孩子共同参与了。简单提一个问题：有多少父母陪孩子参加过孩子喜欢的明星演唱会？缺乏陪伴，会让孩子觉得父母太落伍了，太“老土”了，自己的世界父母根本就不懂。

（6）父母坚决不肯认错，出了问题都是别人的责任，甚至用自己做父母的权威压迫孩子。

（7）父母对孩子太“负责”了。一直以来，孩子惹出来的大小麻烦都由父母兜底，孩子不知道什么是承担后果，说话办事越来越随意。

（8）父母的穿着谈吐太随意，尤其在孩子的同学、朋友面前。

（9）孩子自己有些坏心思，不敢让父母知道。当然，孩子以为父母是不知道的，所以，有时候父母问到某些话题时，孩子由于心虚，便以不耐烦搪塞过去。

（10）父母在孩子面前过于强调自己有多辛苦多累，挣钱不容易，云云。其实，在孩子看来，学校里的学习也很辛苦，孩子也有压力，他会反驳：“你怎么就不能理解理解我的压力和痛苦呢？”

解决孩子叛逆问题的核心原则是换位思考，父母先改变，原件变了，复印件才会变。

2.5 退役后的首月

退役军人就要回家了，回到既熟悉又有些陌生的家乡。

虽然你有离开部队、离开战友的不舍，但是，有无限种可能的新生活又会扑面而来。回去之后自己究竟干什么？入职，创业，还是求学？在本地发展，还是去外地打拼？你的心中有些激动，又有些茫然。

你的想法也许很多，但还没开始行动，一些社交问题便接踵而来。在退役回家后，你可能会频繁参加各种聚会，例如同学聚会、战友聚会、亲戚聚会、朋友聚会等。除了延续友情和亲情，在聚会中你也可以释放自己的信息，诸如表明就业方向，让亲友帮忙找工作，了解商机，或寻找创业合伙伙伴。毕竟，最务实的找工作方式，就是熟人介绍。创业，也是找熟悉的人合作更务实些。

不过，退役回家的第一个月，建议你最好不要与人过多交往，甚至不要急于释放自己已经退役回家的信息。你要给自己设定一个保密期限，为什么这样说呢？

1. 给自己留一个过渡期

你从军队回到地方，各种不习惯和不适应，乃至各种落差和失落，都必然会出现。当然，这也是正常的。有些负面的状况，会导致你的情绪难以稳定，出现消极、孤独、悲观、失望、牢骚话多等不良状况。因此，你需要一段时间进行自我调整和梳理，或对未来进行目标设定和发展规划。在这个阶段，最好不要让太多外人介入，因为纷乱的信息和别人的消极情绪反而会对你的自我调整带来干扰。

2．释放就是定型

人在与他人会面时，自己的外在形象、言谈举止、思维反应，乃至精神状态，自然会直接展现出来，一旦释放出来，就会被固化和定型。若你较随意，言谈举止不当，或释放了一些消极的信息，就会在别人心目中形成负面定位，今后再改变就很难了。所以，在没有做足够的调整和筹备之前，最好不要跟外界广泛接触。

3．明确要传递的信息

既然你要见人，要释放信息，那么，先明确两点：你究竟要达成什么目的？释放哪些对应的信息？建议你释放以下正面信息。

（1）经过部队的历练，自己更加成熟和稳重（突出军队生涯带来的正面影响）。

（2）自己的基础素质良好。

（3）自己思路清晰，做事稳重。

（4）自己乐观开朗，没有怨气，状态积极。

（5）有再学习的规划，很自律。

4．会面的规划

在参加各种聚会之前，你得先列个清单，包括：要见哪些人？先后次序怎么排列？分别要传递哪些信息？你尤其要当心，在会面中，得有基本的自律，尤其要控制自己的嘴，避免出现诸如说各种牢骚话，目中无人，说话口无遮拦、过于直白，高傲自大，酒后失态等失礼行为。

再有一点，你在安全方面也要做些规划，得把自己的钱看紧了，以应对可能出现的各种借钱或所谓的投资，尤其要提防那些已经误入歧途的亲戚和同学。

5．为什么要在意别人的看法

虽然都在说要活出自我，要有自己的个性。但是，无论就业还是创业，都不能单兵作战，而需要资源。这些资源包括信息、商机、关照、权力、资金、技术、人手等。资源大多在别人手里，个人发展是需要这些资源的，但别人凭什么给你？别人只有对你个人品性认可，真正了解你，对你有正面的认知，接下来才会愿意帮你一把。

6．基础的筹备工作

在部队，无论是生活还是勤务，都是有规划有标准的，你自己不需要操太多心。但是，一旦回到地方，就得自己管理自己了。你要建立一些基本的思维和行为规范，具体如下。

（1）加强时间管理，对各类事务的时间点进行安排。

（2）对物品存放进行分类，加贴说明标签。

（3）管理个人内务，不要过于松懈。

（4）对整体发展规划进行设置（原则上是先就业再创业）。

（5）确定职业方向，如选择岗位、就业单位类型等。

今后你一旦进入工作状态，时间就没那么宽松了，所以，对一些需要耗费较多时间的事情要提前做，也就是对今后个人的发展进行筹备，诸如：

（1）考驾照。

（2）学习计算机基础知识，包括 Excel 和 PPT 的基本使用。

（3）参加普通话培训并考证。

（4）办理各类身份证、护照（非涉密单位退役）、港澳通行证等。

（5）参加商务礼仪及沟通技术的专项培训。

（6）学习常用英文。

在会面中，你可以释放你的相关学习情况，这其实是在突出你有再学习的意识和行动，进一步证明自己具有积极向上的精神状态。

同时，你要做好自己在家庭的内务管理，还要制订自己的再学习计划，这样做也是为了让家人放心，说明你有规划、有安排，有清晰的推进思路，对自己的未来心里有谱。

之所以建议你退役回家后的第一个月不见人，是因为你需要做好各类调整和筹备工作，强化基本功，初步塑造自己的个人形象，之后再接触外界，通过社交，释放自己的正面信息，聚合人脉资源，为自己今后的个人发展打造一个良好的开端。

2.6　提前梳理微信朋友圈

你退役了，个人手机可以自由使用，没人管你了，可以说：除了保密条例明确的内容，其他微信内容想怎么发就怎么发。

不过，你现在只是退役，而不是退休。回到地方以后，你需要与新的发展轨道衔接，如找工作或创业，并且你只能自己做规划，自己管理和约束自己，对微信也得纳入自我管理的范畴。因为微信不仅是信息沟通工具，还是个人形象的展示平台，所以，在找工作或创业启动之前，你对个人微信也要进行全面的清理和包装。

你要清楚，哪些人会看你的微信：

（1）打算给你介绍工作的人。

（2）打算和你一起创业的人。

（3）试图了解你的客户。

（4）用人单位的人事部和新老板。

（5）新交往的对象。

基本导向：

（1）体现出个人的基本活跃度，避免别人把你遗忘。

（2）传递个人的正面形象，让别人增加对你的正面印象分。

（3）避免在个人微信传递负面信息，对个人形象造成损害。

基本的设置：

（1）设定添加微信需要验证，不能让随便什么人都能加你的微信。

（2）定期检查微信支付中的扣费服务内容，防止你在无意中添加了一些定期自动扣费的项目。

（3）允许朋友查看你的朋友圈的范围设定为最近半年。

（4）关闭陌生人查看你的最近十条朋友圈功能。

（5）修改每个微信朋友的备注名，基本格式为：城市 + 单位 / 行业 / 机构名称 + 姓名。

（6）将对方的电话号码和地址等信息添加在备注里。

（7）严格控制群的数量，临时群在事务结束之后及时删除或退出，以免关键信息被淹没。

（8）有价值的群才保存在自己的通讯录里。

（9）对正常的微信聊天，原则上只保留待处理事务的微信聊天记录，这样你一翻聊天记录，就知道还有多少事情没有处理。

（10）你的微信名最好就是自己的姓名，使对方容易识别。

对发布内容的控制：

（1）要充分考虑别人看你朋友圈信息的相关感受。

（2）每天发布朋友圈的数量严格控制在三条以内，因为发多了很容易招人烦（尤其是每天重复发送的大量广告信息），很容易导致被对方屏蔽。

（3）微信的背景照片原则上以风景图片为主，个人头像可使用个人军装标准照。

（4）微信签名选择一句正面且朴实的话，不要选人生格言、名家名言。

（5）原则上不发定位，尤其是别发机场、酒店、KTV 等地点的定位信息。

（6）涉及个人身份、家庭成员、家庭地址、车牌号、登机牌等信息，不要发，如有必要发可做涂抹隐藏处理。

（7）以加错人为名义，或用“搜索附近的人”等方式联系你的，出于安全考虑，不要搭理。

（8）微信原则上不要出现宗教、游戏、明星、夜场、KTV、喝酒、卡通、露肌肉，好友在一起喝到面红耳赤，与某位社会名流合影等内容。

（9）对奢侈消费类内容，最好别发，尤其是各类高消费和享乐场景，包括高级酒店套房、游艇、航班头等舱、豪华餐宴、奢侈品店购物、豪车等。原因：一是用人单位不敢要你；二是客户会觉得你做的生意有暴利；三是合作伙伴会觉得你太浮夸，不是沉下心来做事的人。

（10）在文字方面，不要出现过于偏激的语言、抱怨的话、厌世观（看透世界和人生、青灯古佛）或鸡汤文，以免让人误以为你已经被别人洗脑，或是打算洗别人的脑。

（11）可在朋友圈发布一些个人的再学习情况，诸如参加了有关驾驶证、计算机软件、英文、仪表、普通话等专业技术的学习。

2.7 就业应该分段推进

对于就业，很多退役军人都挺着急，或者容易把就业这事想得太简单了——前脚刚退役，后脚马上就想找到工作，而且是一步到位找到称心如意的好工作。

可是，饭要一口口地吃，钱要一点点地赚，虽然一夜暴富很美妙，但这概率实在太低了。就业又不是找对象结婚，非得一步到位。你还是务实一点，分阶段设定目标，再持续推进。

首先，在观念上要明确以下几点。

（1）在绝大多数情况下，是你在找工作，而不是工作在找你。

（2）一般意义上的好工作，就是背景好，平台大，社会地位高，收入高，要求少，压力小，考核简单，不加班，同事关系简单。

（3）这个世界没有你想象中那么完美，不太可能有那么多好工作在等你。

（4）你坚持认为符合这些条件才是好工作，或者只接受这样的工作，其实是要求高，胃口大，实现的难度可想而知。如果你东看看不上，西看看不上，那么求职的成功率低不说，还会耽误自己太多时间。

（5）你非要一步到位找到好工作，身边的熟人也懒得帮你，会认为你要求太高了，或是太啰唆、太挑剔了，结果只能是——“你自己找去吧！”

（6）期望越高，失望就越大，对自己的心理状态也会产生持续打击，再叠加一些家庭背景不给力、好机会被别人抢走了、退役时机不佳等因素，结果导致自己的状态越来越消沉。

（7）有些看起来不错的好工作，必然也有相应的要求，门槛会高很多，即便托人托关系挤进去，也会问题多多：你的实际工作能力、执行力、专业度、心态、思维等能匹配上吗？若是匹配不上，适应不了，你再退出来就不好受了。

（8）一般意义上的好工作，更像是个养老的地方，又舒服又省心，还不用干太多活。你若是五十多岁，找个这样的工作也正常，因为再过几年就退休了。你若是才二三十岁，找这样的工作，是想提前开始养老吗？

安逸的环境最容易毁掉一个人，即便有机会进入好单位、分配到好工作，你能确定社会环境和单位一直不变？今天，科学技术和人工智能在不断地取代工作岗位，政府机构都在不断地精简岗位，届时，你去哪里找好工作？

（9）在追求一步到位找到好工作的背后，又是什么样的思想在支撑呢？是一种消极思想，即追求当前的舒服，其实质是懒、不思进取，只指望单位平台发展，而不是自己发展；是享受单位给自己的待遇，甚至利用单位给予的职务权利，分享别人的劳动成果。

总而言之，一步到位找到好工作，其实质是一种不思进取的惰性思想。这类人对自己没有客观认识，一味贪图享受，逃避进步，也不想锻炼自己，更多是想找个养老的地方。在清醒认识自己的基础上，你要抛开这些不切实际"找好工作"的思想，明确自己的发展目标和基本轨迹，进行分段式就业。

那么，分段式推进，需要考虑哪些因素呢？

1. 过渡期

你在退役回来之后，先得有一个过渡期。在这个过渡期里，你不要急于找工作，而要做好规划，适应各方面的变化，进行基础职业技术的学习、事务性筹备等。你尤其要加强对基础职业技术的学习，因为但凡是个正经工作，必然有对各类职业技术的要求。职业技术可分为专业型的和基础型的。基础型的职业技术有汽车驾驶、使用计算机、普通话、英文、办公设备运用等，你正好趁这个过渡期安排学习。这样在后期应聘时，你虽然职业技术的专业性差一点，但在基础职业技术方面还能有点优势。

2．明确自己的发展方向

在过渡期，你要明确自己的发展方向，明确工作地域、行业、职务类别（如管理类、销售类、生产类）、工作性质（如管理类、技术类、执行类），对应测算所需要的职业技术和发展平台。

3．明确工作对自己意味着什么

你希望工作最终会给自己带来什么？是经济收益、专业发挥、兴趣爱好、安全稳定，还是给家人一个交代，抑或是创业前的学习？

4．客观看待单位

单位就是一个平台。你在这个平台上学习新知识，锻炼专业能力，尝试创新，结交人脉关系，积累各类资源。但同时具备这么多功能的平台少之又少，你需要通过不断地更换平台实现自己的职业规划。当你觉得自身的发展速度及所需要的发挥空间，已经让当前的平台无法承接时，你就要更换到更大的平台了。或者说，在不同的阶段，你需要的东西不一样，对应的平台也不一样。对工作，该换就得换。

5．先进入，后发挥

先进入一个平台，后期就可以尽情发挥了。所以，你在前期不要太挑剔，可选择小型企业，或是一些门槛低的岗位。虽然这样的单位收入低或较辛苦，但人只要能先进去，就有发挥机会了。至少，在刚入职的阶段，你自身实际能力有限，需要大量时间学习和锻炼，强化基本功，接下来再逐步晋升，或是积累经验后再换平台。这就是所谓的先就业再择业。所以，在自身职业技术和综合实力较弱的时候，你在工作收入和职务方面可能有所牺牲，以换取锻炼机会，为未来的再发展打下基础。

2.8 基本法律知识的储备

法规是实际存在的强制准则，不会以个人意志为转移，并且随着法治社会的逐步健全，执法标尺将更清晰，执法力度也会更强。

作为个人，首先要做到的就是懂法，接下来才是不违法和合理用法。法律条文众多，除非专业人士，普通人很难全部掌握，但一些基本的法律概念还是要有的。

1. 遇事多查法律条文

要养成即时查询对应法律条文的习惯，遇事不要从自己的主观认识出发做决定。也许你自己认为很合理、很自然的事情，法律条文却有着完全不同的定性。

例如在上班时，你自己觉得工资太少，老板扣的钱太多了。于是，你偷偷从仓库搬了点货回家，或是虚开发票以多报销费用，作为给自己的补偿。你也许觉得这样做才公平，但实质上已经违法了。

2. 避免冲动

道理人人都明白，但在冲动之下，有些人往往就不会想那么多了。也许为了一时之气，也许是热血上头，做出过头的事情来，结果触犯了法律，不得不付出极其沉重的代价。

3．讲证据

打官司也好，案件性质判定也罢，都是讲证据的。证据就是白纸黑字、证明人、现场照片、录音、录像等，而不是你自己的一家之言，口说无凭。

相反，你自己随便一个签字，或是为熟人做担保，也能被别人作为证据，届时你也要承担相应的责任。所以，签字要谨慎，尤其不要在酒后签字。

在书面证据中，要注意抠字眼，有时候一字之差，性质是不一样的。例如，在借钱时，要看清楚对方给你写的是“借条”还是“欠条”，两者性质完全不一样。

4．不能有从众思想

有些违法或打擦边球的事情，别人这么干，或是很多人都这么干，并不代表你也能这么干，不要有“法不责众”的思想。

5．注意性质的变化

打架和行凶是两回事，看起来都是打得头破血流，但定性可完全不一样。在正当防卫中，若是防卫过度，性质发生变化，从受害者变成行凶者，自己照样也要承担法律责任。开车不小心（非故意）碰到行人，可以协商进行经济赔偿；若是开车撞人之后又跑了，那就是交通肇事逃逸了。

还有些违法事件，若是重复进行，性质就更严重了。例如盗窃，第一次可以说是初犯，若在短期内连续多次作案，那就是累犯了，要从重处罚。

6. 民事诉讼和刑事诉讼

民事诉讼涉及的主要是各平等主体之间的民事权利和义务，与名誉和经济相关，双方在协商一致的情况下，可以在经济范畴内进行解决。而刑事诉讼就麻烦了，涉及刑法，严重的会被判刑。

7. 自诉案件和公诉案件

通俗点说，自诉案件由个人和单位发起诉讼。自诉案件，在协商一致时，是可以撤回的。公诉案件则由检察院发起诉讼，性质要严重得多。

8. 了解后果

违法的后果有多严重，你最好提前有所了解，以在一定程度上扼制自己的冲动。例如：成为失信人，会有什么后果；触犯刑法，有过服刑案底，对自己今后的工作和生活又会带来哪些麻烦。

2.9 安排基础型的学习项目

从刚退役，到在新工作岗位上班之前，一般有个适应过渡的阶段，短则一两个月，长则半年或一年。你可以利用此时间段，安排一些基础学习的项目。

为什么要安排基础学习项目？

（1）虽然你在部队有一定的工作和管理经验，但并不代表自己的基础技能就一定到位。

（2）在部队工作积累的基础技能和地方企事业单位需要的基础技能不一样。

（3）上班与创业所需要的基础技能也不一样。在初创企业里，创业者自己什么都要干，也就是什么都要会。

（4）不要过高看待自己在部队积累的工作经验。到了地方，一切都要重新开始，你要从职业发展的角度重新衡量自己的技术能力，客观看待军队和企事业单位对职业技术的不同要求。

（5）基于企事业单位对职业技术的要求,先完善自己的基础职业技术，为今后的专业技术学习打下基础。

（6）进入新单位，初期一般是基层岗位，从事的都是一些相对简单的执行工作（可能就是些打杂的活），需要有对应的职业技能作为支撑。

（7）有些学习内容，也是为了提升个人的综合素质。

（8）在学习知识的过程中，同步培养自己的学习习惯，并掌握相关的学习方法。

（9）自己的学习经历，要在简历撰写、面试、个人信息发布等过程中进行传递，表达自己积极向上且有再学习的实际行为。

（10）在学习过程中会接触各种人，这也是在拓展自己的人脉关系圈子。

（11）在心态上，要持续学习，也是在充实自己，避免精神空虚。

（12）学习之前，要保持空杯心态，避免自大。

（13）知识会折旧，不保持学习，已有的知识储备就会过时，而知识一旦过时，人就会自我封闭。

（14）即便你在部队位高权重，但现在甘于当学生，说明你能放下身段，这种态度非常有利于你进入新单位后面对新领导。

那么，你具体要学习什么？

基本原则：

（1）基础型。不求高大上，暂时别深入某个专业的学习。

（2）通用性。选择到处都用得上的知识。

（3）短平快。选择马上能用得上的知识。

（4）选择需要耗费大量学习时间的知识，因为你正式上班后恐怕抽不出这么多时间学习了。

可选择的具体学习内容有：

（1）普通话。最好能考个普通话等级证书，至少要达到三级乙等。

（2）特定区域的方言。有计划前往某地工作，就需要提前学习此地的方言。

（3）常用的英文。主要用来日常沟通。

（4）常见办公设备。会使用复印机、扫描仪、标签机、打印机，熟悉宽带设备的安装，等等。

（5）了解基本的财务常识，包括税务、法务、劳动法知识。

（6）常见的企业规章制度。对自己的要求越高越好，可提前熟悉，为今后正式面对企业规章制度打基础。

（7）书法。一笔好字是直接加分项。

（8）计算机知识。包括硬件的工作原理、基本组装、常规维护（杀毒、分区、备份、组装接线）、打字速度、常用软件的使用（Excel、Word、PPT、PDF）。

（9）驾驶。驾驶技能现在已经成为许多工作的标配。

（10）商务礼仪。

（11）商业人际沟通。

（12）公文写作。

（13）速记。以后在单位开会的时候用得着。

（14）自我管理。包括内务管理、物品管理、时间管理等。

学习的方式如下。

（1）自学。

（2）参加培训班，例如学习驾驶和游泳。

（3）进入社会办学机构学习英文。

（4）通过职业技校和夜校学习，尤其是当地退役军人事务局指定的培训机构。

（5）通过网络学习。

（6）由专人辅导。

学习的成果与落地如下。

（1）相关学习科目最好能获取正式的证书。

（2）找机会实习，学会和能用是两回事。

（3）在简历里，标注自己退役后的再学习科目，或当前在持续推进中的学习科目。

2.10 客观看待别人对你的帮助

做成一件事，涉及的因素和资源很多，如各类信息、资金、人力、渠道、关系、技术、策略、方案等。但这世界上没有全才，也没有同时具备所有资源的人。要做成事，就得寻求别人的帮助，换个说法就叫整合资源——利用别人的资源推动自己的事业。

客观来说，个人事业的推进乃至成功，是无数人帮忙的结果。

当然了，这里有两个前提：一个是你认识的人足够多，且他们有能力、有实力、有资源，能帮到你；另一个是这些人基于对你的熟悉、了解和认可，愿意帮助你。

具体的帮忙形式有以下几种。

（1）有人在默默地帮你，但从来不说。

（2）有人是在你提出请求，并给予一定利益回报之后，才肯出手相助。

（3）有人给的帮忙，只限于一些口头建议。

（4）有人在事后，强调以前对你曾有帮助。

当然了，无论哪种形式的帮忙，都是帮忙。也许不是真金白银的资源，也许只是技术方面的帮助，也许只是一句话，这些都是帮忙。

那么，你怎么看待别人对你的帮忙呢？

（1）也许有人觉得，自己的准备很充分，技术领先，资金足够多，故而不需要别人的帮助。有这个志气当然很好，但这世界变化太快，不是所有的事情都在你的规划和掌控之中。别人的帮忙，或者说来自别人的资源，还是很有必要的。

（2）也有人强调创业主要靠自己，谁都靠不住。这话说出来很爽，也很硬气，别人听了也对你佩服得不行。不过，别人的心目中也会产生这样的看法："既然你这么厉害，那么接下来你就自己玩吧。"

（3）有人明白帮忙的重要性，并一再强调不会让别人吃亏，动辄就是"事成之后"如何如何，甚至能把对应的利益核算量化出来，表示自己是个懂礼数、上路子的人。不过，这就需要你考虑中国人对人际交往的分寸拿捏了。虽然大家都喜欢利益，但明说出来，甚至还量化出来，这就有点没意思了，好像别人帮你就是为了那点好处。再者，你也别强调"事成之后"，那要是事不成呢？是不是就算了？

（4）自己主动向别人提出了帮忙请求，别人能帮忙自然好，若不肯帮忙，你也不要太生气，甚至以后干脆不再与其来往。

（5）还有一种反向的情况，即别人已经提出帮忙了，也许形式上比较简单，也许是一个建议，也许是一个提醒。你觉得没必要，便当场表达出来，如"不用担心""不需要""没事""我早就考虑到了""以后再说"等。不管怎么样，人家也是一番好心，如果说出这样的话，就等于告诉别人，"你的建议和帮助没有价值，我不需要"，直接一盆冷水泼下来。

无论你是否需要别人帮忙，是否非常期盼别人帮忙，对有些基本的道理还是要搞清楚的。

（1）首先，别人没有帮助你的义务，能帮是情分，不帮是本分。

（2）退一步来说，别人不捣乱，就算是帮忙了。

（3）世界上没有无缘无故的爱和恨，帮忙也是这样。在前面没有一定的积累，也就没有后面的帮忙一说。这个前面的积累包括：对你的了解、实际交往经历、个人印象、认可度、前期利益往来等。

（4）对于别人的帮忙，你不要过高看待，更不能依靠，只当锦上添花。能帮最好，不帮也没关系，不能“别人不帮，这事就没法干了”。

（5）即便明确了利益回报，也不能据此对别人帮忙的有效性质疑，或表示失望，只能是别人帮多少算多少，不要以为自己出了钱，就可以提要求。

（6）别人能帮你，说明看好你，主观上是善意的，至于所给的资源和建议是否有价值，这不是当下该考虑的事。

（7）无论哪种形式的帮忙，都是帮忙。也许是真金白银的资源，也许只是一句话，它们在性质上没有区别，你要把别人对你的帮忙记录下来，待日后提起，你能准确说出相关信息，说明你是真的记在心里了。

（8）在人际沟通中，要有意放大别人对你帮忙的价值，这种正面促进还会给你带来更多好处。

（9）即便自己不缺什么，也要找机会让对方帮你。这种帮助，旨在找个机会让对方参与你的事业，因为有了参与，对方才会持续关心，才会更加亲近你。

第 3 章 基础工作能力的健全

3.1 退役之后的自我管理

汽车的最高时速不是由发动机功率决定的，而是由制动系统决定的，开着一辆没有制动系统的汽车跑在高速公路上，无异于跟死神赛跑。

驾驶员随时会踩刹车，踩下去马上就有制动力，能把车停住，也就是能控制住这辆车。

人也是如此。人要对自己的行为有控制能力，不然就会失控。诸如：

（1）表情。

（2）语言与语气。

（3）肢体动作。

（4）行为与决定。

正常人想控制这几点并不难。可是，世界上最远的距离，就是知与行的距离。这个道理大家都知道，但实际做起来，可就没这么简单了。控制自己的外在表象行为需要高度的自制力，甚至是毅力，对于退役回到地方的军人，也需要重新认识自我控制。

在服役期间，军队有严肃的纪律、全面的规章制度、严格的执行标准和随时而来的突发险重任务，你在面对下属时有些脾气，说话硬，乃至拍桌子发火，也是正常的，更多是就事论事，这些也是对下属强化控制力的必要措施。再者，在军队内部，士兵对军官情绪外露的作风和硬派沟通方式也都有一定的承受力和适应力。

在地方，管理方式则要柔和一些，婉转一些，讲策略一些。若是还沿袭在军队的沟通习惯，情绪过于直接外露或强硬，会对自己的人际交往带来一些麻烦。

不过，有些退役军人在表象行为控制这个问题上，往往存在以下看法。

（1）我只是对事，并不是对人。

其实：在别人看来，事都是人为的，对事就是对人。

（2）我都是好心。

其实：你是不是好心，别人不知道，因为没法看到你的心，只看到你有外露的情绪，哪怕你真的是豆腐心，别人也只能看到你黑着的脸和刀子嘴。

（3）我是正确的，我是有理的。

其实：有理和说话嗓门大是两回事，不能因为有理就吼人。

（4）有些话我听着不爽，所以表达一下我的不满乃至愤怒。

其实：话听了爽不爽，与这个话对不对，是两回事。有些话虽然听着不舒服，但的确是对的，忠言逆耳嘛。你回到地方了，已经卸去官职，也没有下属了，就别再指望别人说话会揣摩你的心情，来刻意迎合你。若是依然以自己听了爽不爽为判断标准，那就有点幼稚了。

（5）我觉得我已经控制得很好了，想当年在部队的时候，可能会一脚就踹过去了。

其实：情绪失控往往是无意识的，自己也许还没意识到你的表情已经狰狞了，说话的语调也变了，这已经是伤害到别人了，与直接踹别人一脚也没啥区别。

（6）发点脾气，给对方一点压力，也许会使事情向前推进。

其实：那是在部队，兄弟部门也好，下属也好，面对的是党纪军法，是必须执行的，你发点脾气，还可以集中思想，排除干扰，在一定程度上可以促进工作的执行。但是在地方单位里，尤其是小型企业里，没有部队中那样严酷的标准要求，而且有太多的客观因素和变量，乱发脾气并不一定有助于工作推进，还有可能使自己与别人关系恶化。从解决问题的角度来说，压根儿没有发脾气的必要，或者说，你也没有发脾气的权利。

（7）自诩有性格，或是面带杀气，不说话，只消把脸子拉下来，就能镇住场子。

其实：这么想就有点幼稚了，你以为你是谁？关公？

（8）反正自己都能搞定，所以，也无须约束自己，可以随性而发。

其实：若自己真的已经到了这个水平，请随意好了；若还没到这个份上，还要摆这个谱，就属于自找不痛快。毕竟，你退役回到地方，重新谋求发展，这时别人求你的机会少了，而你求别人的机会多了。

小孩子心直口快，怎么想就怎么说，高兴不高兴，直接在脸上就表露出来了。成年人则不然，要换位思考，要顾及别人的感受，要有些城府。毕竟，今后自己的发展，在很大程度上来自于与别人的合作，如果经常情绪失控，乱发脾气，就会恶化自己的人际关系，自己封堵自己的发展路径。

切换到别人的角度看，自己的失控会给别人带来以下感受：

（1）随便发火，别人会认为你非常情绪化，不沉稳，容易失控。

（2）没有理由乱发火是虚张声势，这属于个人品行的问题。

（3）遇事就发飙，说明你格局太小，容不下事。

（4）对人发火，表情冷漠或不耐烦，这就是不尊敬对方，不把对方当回事。

总而言之，自己表象行为若控制不住，在别人看来，你就是形象差，脾气臭，嘴巴毒，不好交往，不好合作，令人敬而远之。

有些人脾气大，主要是以前在军队工作养成的一些习惯使然。即便现在回到地方，出于惯性，仍然控制不住自己的脾气，不想憋屈自己，不肯改变。这发脾气，也许过了嘴瘾，但带来的损失太多，成本太大，风险太高，犯不着。

客观来说，身处的环境变了，打交道的人变了，事业性质和发展方向也不一样了，自己就有必要做些调整，尤其是在这几个方面。

1. 管住自己的嘴

（1）说话貌似是个超级简单的事情，嘴一张，话就说出去了，可这话说出去容易，收回来可就难了。

（2）所以，在说话之前，最好慢一点，先组织好语言，在脑海里过一遍再说。

（3）千万别为嘴巴过瘾，只图自己说得痛快，一旦对别人造成伤害，接下来你就只好承受自己给自己惹的麻烦了。

（4）控制自己不说大话，避免为了面子而扯谎。毕竟，自己扯出一个谎来，接下来要用无数个谎来圆，这成本太高了。

（5）不能因为自己付出很多、很辛苦或很委屈，就非要说出来。成年人，要能容事。

2. 管住自己的脸

脸上的表情是自己态度的直接体现形式，相对于语言，表情会更快地传递出自己的态度。人在大多数情况下，对自己脸上的表情是无意识的，也就是说，自己也不知道自己现在脸上是什么表情。在后续的章节里，会将脸上的表情控制问题进行详细解说。

3. 管住自己的情绪

（1）在正常情况下，自我控制是很容易的，但是，在情绪激动的时候，就容易失控了。

（2）所谓成熟和有城府，就是心里翻江倒海，脸上却淡然如水。

（3）愤怒或狂喜，先放在自己心里，不要急于表达出来。

（4）切忌热血上头，在激动之下，失去理性。

（5）切忌在酒后、服药后受到别人蛊惑的情况下，自己再叠加一些回忆和猜想，导致自己情绪过分激动。

4. 管住自己的行为

（1）军官在部队的硬派作风，对下属，对自己所能控制的人的确有效。但是，退役回到地方后，对谁都控制不了，别说工作中的下属，就连家人可能都不听你的，孩子也不听你的。若是延续在部队的习惯，试图强化自己对别人的控制行为，可能到最后是四处碰壁。所以，别试图去控制别人了，先把自己控制住了。

（2）酒后少说话，不决定，不表态，不签字，不办事。

（3）控制自己过多的享受欲望，尤其不能花还没到手的钱。

（4）控制速度和风险。通过客观评估，若发现某些事情发展速度过快，或是风险过大，应进行主动控制。原则上不要有冒险思想，没有坚实的基础和系统保障，就别试图“博一下”，甚至是“孤注一掷”，一定要在自己能控制的前提下发展事业。就像前面所说的，在确保车辆有制动力的前提下开车。

总而言之，个人的发展，不仅需要才能和机遇，还要有自我控制。自我控制就是基于别人的感受，考虑清楚其中的利害关系，对自己及事务有客观认识，对自己在表象行为上进行全面控制。

3.2　退役军人的自身优势提炼

退役回来的军人，年轻的有二十多岁，年纪大点的也就四十来岁，正是年富力强，能做一番事业的好时候，经过部队多年的洗礼，相对常人应是更有优势，当然了，部队生活带来的优势，自己还得主动进行一些提炼，诸如：

1．军队的信誉背书

在地方群众的心目中，军队的可信度和军人的品质是比较高的，且是有历史积淀和广泛社会认可度的，这种巨大的正面影响力，也会覆盖在每一位退役军人身上。也就是说，退役军人在接触别人的初期，自己的从军背景还是会给自己加分的。当然了，若是退役军人自己不珍惜，随意将其破坏掉，那就是另外一说了。

2．身体素质好

退役军人的身体素质不用多说，加上年纪轻，正是干活的一把好手。良好的身体素质，是应对工作强度和压力的基本保障。

3．组织性、纪律性强

说到严格管理和高度的纪律性，恐怕没有哪个单位比军队要求更高了。在长期严格管理的环境下，军人对条例、标准、流程、执行、量化等管理指标，接受程度较高，且已经形成习惯，工作作风严谨，给人感觉也更靠谱。

4. 个人基本素养好

这个要看个人的修为。当然了，在军队服役期间，在被严格管理的环境下，退役军人所体现出来的个人基本素养还是不错的，离开军队后，短期内还会有一定的惯性作用，但时间一长，就得看个人素质和价值观了。有很多离开军队几十年的老兵，依然能在日常工作生活中保留着在军队里养成的良好的基本素养。

3.3 做好身体管理

健康的身体是事业的基础，是革命的本钱，这个道理大家都知道。

人在二十几岁的时候，觉得身体保养这个话题距离自己很遥远，看到有人往茶杯里泡枸杞都觉得老气横秋，甚至认为可笑。毕竟是年轻人，“吃嘛嘛香，身体倍棒”，有什么小病小灾，不吃药自己都能扛过去，身体一直很健康，好像没什么需要担心的。

不过，人不会永远二十几岁。随着年龄的增长，人的身体状态必然会下降，各类慢性疾病会一个接一个冒出来，再遇到些伤筋动骨的事情，恢复起来会更慢。

在部队时，对个人身体及体能情况，单位有相当完整的管理体系，有训练任务，有阶段性体检，有定期的体能考核，甚至都有非常精确的定量要求，例如要做多少个引体向上、多少个俯卧撑，负重跑多少千米，都是有量化指标的。还有专人负责监督考核，再加上食堂伙食有营养配比要求，限定用餐时间，限烟禁酒，保障睡眠时间，还有年度体检，总体上部队对军人的身体管理有严格的系统保障。

不过，现在退役回家了，没有监督，更没有考核，于是就开始放飞自我了。饮食完全放开了，想吃啥吃啥，想喝啥喝啥。每天要吃几顿？什么时候吃？要不要再来点消夜？喝白酒，还是喝啤酒？明天睡到几点？悉听尊便。饮食放开是一方面，运动又是一方面。军官退役之后自己花钱去健身房的少（士兵倒是有不少），懒得动弹，早晨懒得起来跑步，饭后就窝在沙发里玩游戏，夜里躺在床上玩游戏。在退役之后，还维持在部队的体能锻炼水平，实在少之又少。

总而言之，在年龄、饮食、运动、旧伤等多重因素的叠加之下，军人在退役之后，其身体状态可能会出现一个较大的下滑趋势。个人的身体变化又会带来以下几个方面的问题：

（1）自己的身体状态，会直接影响自己的精神状态。

（2）家人对自己的担忧。妻子对你越来越大的肚子、越来越少的头发，也会感到忧心。

（3）新工作也好，初创企业也罢，都需要自己有足够的身体机能来应对。

（4）身体状态变差后，不会自动恢复，只会越来越糟糕。

严格来说，军人在退役之后，出于对自己负责，对家庭负责，对工作负责，对新创事业负责，要对自己的身体进行全面管理。

3.4 做一个成熟的、靠谱的人

成熟与年龄无关，有的人少年老成，也有的人四五十岁了还活得像个幼稚的孩子。

成熟不是完全圆滑世故，也不一定老气横秋，它不代表没有奋斗的激情。成熟是更加清醒地看待自己，清楚自己的目标和追求，自我定位，不那么主观，且要处理好自己与别人、社会的关系。具体来说，个人的成熟，更多源于以下三点。

（1）对自己的客观认知。

（2）对社会的全面认知。

（3）在与别人的相处中，能换位思考。

一个人认为自己是否成熟是一回事，来自别人的评价又是一回事。一般来说，别人对你成熟与否的判断，更多来自于对你的表象、行为举止、解决问题的能力等方面的观察和判断。

1．成熟的人的特征

1）内务整洁

个人仪表、内务是判断其成熟与否的直观标尺。主要表现在以下几点：

（1）仪表仪容干净整洁。

（2）服装鞋帽搭配得体，不破旧、不污浊、不浮夸。

（3）随身物品简洁。

（4）工位和办公室整洁清爽，也许没那么宽敞豪华，但整洁有序，分类清楚。

（5）居室收拾干净，物品分类有序摆放。

2）言行举止适当

（1）不失态，尤其是酒后或愤怒的情况下。

（2）不谈与工作无关的事，如自己和他人的私事。

（3）不随口承诺。

（4）语速慢，语气平和，内容清晰且精练。

（5）表达看法较为谨慎，做判断时以客观事实为依据。

（6）能从不同角度全面分析问题，不武断、不片面。

（7）能正确理解他人的意图。

（8）对没把握的事情留有余地。

3）人际关系融洽

（1）客气，“谢谢”两字挂嘴边。

（2）会考虑别人的看法和感受。

（3）会让别人释怀，会给对方台阶下，会帮助对方缓解尴尬。

（4）聊天时，能够照顾别人的情绪。

（5）能保守秘密，不传话，更不添油加醋。

（6）不在背后议论别人。

（7）清楚人际交往中的边界，不逾越，不过多干涉别人。

（8）人际交往过程中不突兀，适当低调，标新立异的事情一般不做。

（9）知道有些时候随大流可照顾别人的情绪。

（10）在与别人的交往合作中，不让别人吃亏，宁可自己吃点亏。

4）自我修养

（1）能承认错误，不急于逃避责任，也不把自己吃过的亏经常挂在嘴边。

（2）遇到大麻烦不慌乱，能迅速冷静下来，能进行全面分析。

（3）不对别人的事情做主观猜测、臆想。

（4）对压力有一定的承受能力，受点苦也不会到处说。

（5）不当众展示自己的选择纠结症。

（6）不随便开玩笑，也不揣测别人。

（7）不占小便宜。

（8）不把时间和精力浪费在没有意义的娱乐消遣上。

（9）不一味说教别人，而是用实际行为影响别人。

（10）不刻意高调炫耀，也不居功自傲。

（11）面对自己与别人的差距，能客观看待，而不是盲目比较，并心生怨气。

2. 靠谱的特征

接下来，再说说什么是靠谱。对一个人的评价，说“这人靠谱”比说“这个人优秀”更有含金量。

靠谱是什么？是给人安全、可靠、实在的感觉，令人值得信任，使人愿意与其交往、亲近。

靠谱与否，不是由你自己定义的，而是别人通过对你的观察和与你的实际交往总结出来的，那么，你自己在哪些方面要注意呢？

1）说话算话

一般别说大话，但话说出来就要算话。

2）信息确认与记录

接受信息时，先确认，再做书面记录，防止错漏或遗忘，与别人进行沟通时，事后须整理一个沟通备忘录，再发给对方。

3）事事有反馈

别人交给你办的事情，无论你能否搞定，都要及时反馈给对方。不能让事情到了你这里就石沉大海。

4）忘事要不得

忘事，首先就会使别人认为你不重视。再有，忘事对个人形象的负面影响非常大，对方会觉得你这人做事不靠谱，丢三落四的，这种印象一旦形成，后期再想改变是很难的。

5）不随便下结论

这里指不随便发表意见，即便自己提出看法，也要说明是个人的单方面看法，并在提出论点之后，提供若干论据作为支撑。

6）遇事不急躁

请不要冲动，不让别人看到你慌乱的一面。哪怕你心急如焚，也不要在表情和语气中直接表现出来。

7）做事有规划、有准备

做事之前有考虑,有规划,有起码的准备。出门办事,要提前列个清单,哪怕是上菜市场买菜也得开个单子。后附求职时的面试准备清单。

8）有备份

能备份的东西都备份一套，所设计的方案也要有备份，除了 A 方案，还要有 B 方案。虽然备份方案使用率很低，但关键时候能派上用场。

9）说话慢

说话慢，一方面显得稳重，另一方面可留出足够的时间思考，话没出口，先在自己的脑子里过一遍。

10）快速回复别人的信息

手机常在身边，电子邮件要每天看。对别人发给自己的消息，应马上回复“收到”。

11）不随便开口求人

不要让别人为难，不然别人以后就会离你远一点了。

12）肢体动作得体

肢体动作也是一种语言，可向别人传递信息。肢体动作的使用有两个原则：一是与自己说出来的话要匹配；二是不能让对方看上去不舒服。

13）关于自己的成就

针对个人的成就、职务、荣誉等，原则上要保持低调，不反复地说，更不要过度炫耀。

面试前的准备清单如表 3-1 所示。

表 3–1　面试前的准备清单

信息再次确认	信息查询	提前查看面试现场	文件资料	沟通内容准备	等待状态中
1．确认地点 2．确认时间点 3．询问需要携带的文件资料 4．特别要准备的项目	1．企业官网 2．工商总局网查企业注册及运行情况 3．裁判文书网查询 4．百度查询企业的新闻情况 5．了解行业与岗位基本情况	1．提前几天到面试现场先看一下 2．熟悉交通路线 3．测算路程时间 4．了解公司实力 5．现场装修档次 6．员工穿着风格	1．简历 2．证件原件及复印件 3．作品，设计稿 4．存放文件的简约档案袋 备注：不要带军队背景的荣誉证书	1．自我介绍 2．对公司的认识 3．对行业的认识 4．对岗位的认识 5．自我优势与企业需求的结合 备注：背诵熟悉	1．保持电话畅通，不欠费，电量足，振铃响 2．电话取消彩铃 3．不醉酒 4．随身带记录本 5．现场招聘会练手

续表

服装准备	物品准备	面容	不要带的物品	进场之前	前台接触与等待
1. 正装 2. 全身三色 3. 男不打领带 女不扎丝巾 4. 简约皮带头 5. 腰上不挂东西 6. 服装不出现明显奢侈品标志 7. 鞋袜同色	1. 简洁的手表 2. 手帕 3. 记录本 4. 笔 5. 单片湿巾 6. 小镜子	1. 头发清洁 2. 发型整理 3. 眼角分泌物 4. 面容清洁 5. 鼻毛修剪 6. 牙齿清洁（洗牙） 7. 口气清洁 8. 嘴唇润泽 9. 耳部清洁	1. 雨伞 2. 硬币 3. 明显的首饰 4. 饮料瓶 5. 杂志报纸 6. 休闲包，购物袋 7. 明显奢侈品	1. 提前到达 2. 空腹 3. 手机录音打开 4. 手机调静音 5. 漱口水漱口 6. 镜子，仪表检查 7. 不挤电梯 8. 擦鞋	1. 礼貌对待前台，烦请通报 2. 等待时注意现场摄像头 注意自己的行为举止

3.5　应对问题的基本思路

人们无论在工作中还是生活中，不会每件事都一帆风顺，各式各样的问题和麻烦都会随时出现。那么，你在面对各类突然出现的问题时，是会迷茫、烦躁、埋怨、手足无措、逃避，还是有清晰的应对思路呢？

问题的种类、大小、性质不一，但应弄明白以下基本信息。

1．信息的完整性

首先要弄清楚事情的来龙去脉，即要把消息听完整了，别听错、听漏了，也别急着打断别人说话。完整信息包括前因后果、时间、地点、人物、当前的状态等。必要时，你要反复确认，并做书面记录，别听到一半就着急下结论，或是慌不择言。

2．信息的真假

你所听到的消息不一定都是真的，也许是假的，也许是对方听错后误传过来的，要对信息进行求证，直接找到当事人，或通过第三方进一步求证。

3．消息是谁告诉你的

如果这个消息是别人告诉你的，那么，你需要搞清楚一系列问题：这个人是谁？他与你有什么关系？他告诉你的这个消息，与他自己有什么关系？对方只是纯粹地向你传递这个信息，还是有其他因素掺杂其中？如果他与这个消息存在利益关联，那么他在传递信息时会不会隐藏了部分内容，或进行了“添油加醋”？

4．这个问题是否在你的预想范畴内

如果你在前期已经有了预想，那么，要根据事情发生的具体情况，调整应对方案。

5．问题的性质

你要弄清楚，这是偶发性问题，还是常态化问题；这是个案，还是有共性的案例。

6．最大的危险是什么

当前所出现的问题，最大的危险是什么？或者说，如果让问题再持续发展下去，会导致哪些严重后果，还会牵涉什么人和什么事。

7．解决成本有多大

出了问题，总会有解决办法。你需要迅速预估这个问题的解决方向与成本，或者说，这个问题在经济范畴内能否解决。

8．问题会不会重复出现

如果这个问题在今后还会重复出现，你可以提前研究解决方案和预防方案。

问题处理后，要及时进行总结，找出不足的地方，以便以后加以改进，

不断提高处理问题的能力。

3.6　有效传递信息

无论工作还是生活，人际往来的过程也是信息传递的过程。信息的传递方式有很多种，如语言、语气、语速、眼神、表情、肢体动作、穿着打扮等，其中最常用的方式还是语言。

人们通过听和说完成语言交流，看起来是极其简单的事情，几乎人人都会（几岁小孩也会）。但实际上，信息传递的效率并不高，哪怕是我们认为的最直观、最靠谱的面对面语言沟通，实际传递效率都有限，这是因为：

（1）不是所有人都能将自己所要传递的信息通过语言完整而准确地表达出来，也就是话没有讲清楚，词不达意，或是啰里啰唆说了半天，却没说清楚主题所在。

（2）中国人说话往往很含蓄，这导致对方没有完全领会，甚至会错误理解。

（3）听话者也许没听到，也许听岔了，也许张冠李戴了，尤其是在同时沟通多条信息的时候，更容易搞错了。

（4）听到的话，没有记住，或记错了的情况也会发生。

总而言之，对于以语言为主的人际沟通方式，你说出来的话，差不多有一半对方都没听进去，同样的道理，对方说的话，有一半你也没听进去。这其中，有个人生理原因，有人文原因，还有外部环境原因。我们在沟通上花费了大量的时间和精力，实际效率却着实有限。所以，我们要主动采取一些措施，确保基本的信息传递效率，具体如下。

1．接受对方的信息时要当场确认

自己听到对方的话之后，要当场确认。例如通过反问、自己复述等形式进行再次确认，以防止自己听漏、听岔、听错，从而确保信息接收的完整性。

2．听不明白时，要当场询问

你若感觉对方话中有话，自己又实在听不明白，一定要当场确认。别怕不好意思，你就说自己年纪轻、阅历浅，理解能力有限，怕因误解对方的意思而耽误事，所以请对方进一步明示。话说到这个份上，对方只好说得再浅显一些。你若是当场不追问确认，对方就会以为你听明白了，这可能导致在后期耽误事，给你带来更多麻烦。

3．确认清楚后，要马上记录下来

别高估自己的记忆力，须知再好的记性都不如烂笔头，要马上写下来，以免遗忘。

4．自己传递出去的信息要确保别人正确接收

这是关键所在，你不要以为自己说清楚了，对方就一定听清楚、听完整、听明白了，一定要得到对方反馈回来的正确信息。所谓有效沟通，就是成功地把信息传递给沟通对象，沟通对象也能够对收到的信息做出正确的回应（见图 3-1）。

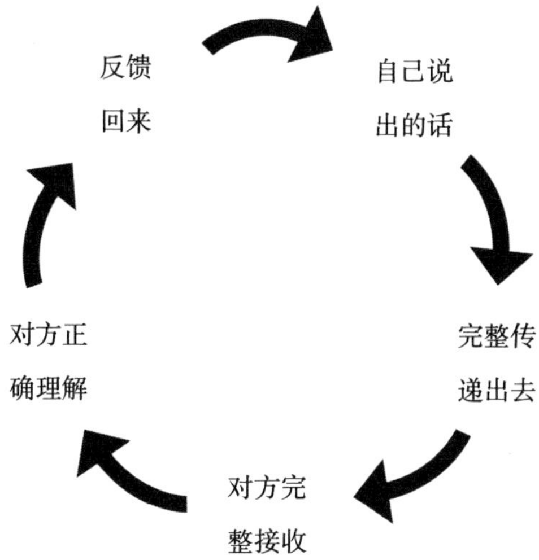

图 3-1　信息反馈闭环

3.7　打草稿与临场发挥

我们最早对草稿的概念来自读书的时候：写作文之前要打草稿，数学题中的计算过程要写在草稿纸上。其实，打草稿的能力也是基础职业素养的一部分。

1．草稿是什么

（1）草稿是简单的小规划。

（2）草稿是对事物的快速分析和结构设置。

（3）草稿是对信息的快速梳理。

（4）草稿是对信息的回忆和记录。

2. 打草稿的步骤

（1）先想想写什么内容。

（2）再写出来。

（3）列出内容的结构和层次等。

（4）即便来不及写出草稿，心里也要打个腹稿。

3. 打草稿的应用场景

（1）在打电话之前，把要表达或要沟通的事情列个草稿。

（2）在与别人谈话之前，把谈话内容列个草稿。

（3）别人找你谈话的时候，你可以把自己打算说的话迅速打个草稿。

（4）开会的时候，无论你是否发言，都要做好发言的准备，也就是把打算说的内容打个草稿。

（5）每天早晨进入工作状态的第一件事，就是把当天要做的事情列个清单，打个草稿。

（6）甚至你在出门购物之前，打算要买什么东西，也要先打个草稿。

4. 打草稿的优点

（1）防止忘事，毕竟，好记性不如烂笔头。

（2）把脑袋里想的东西写到草稿纸上，这既是把思想转变为文字的过程，也是对内容进行梳理的过程，在这个过程中，还可以对内容是否合理、条理是否清楚、是否符合逻辑等进一步进行梳理，甚至还能延伸出更进一步的东西来。

（3）按事项的轻重缓急进行排序，比如先说什么话，再办什么事。

（4）锻炼自己的思维反应能力，尤其是思维速度。在很短的时间内，你要对相关信息进行回忆、分析、整理，再输出。

（5）对于自己要说的话，可通过打草稿做一个框架，以避免自己因情绪激动说一些过头的话，或说一些未经思考的话。

（6）你在说话之前有了草稿，才能表达有序，逻辑关系清晰。在别人看来，你能把话说清楚，说明大脑是清楚的。

（7）事先排列好了次序，你做事的效率才会更高。

（8）在会议中发言，就是自己当众展示自己的机会。每一次会议，就是一次机会。也许会议主持人或领导在事先没让你发言，但你也要主动做好发言准备，打好草稿，一旦你被要求发言，马上就能站起来把话说清楚。或者，在机会合适的时候，你还可以主动要求发言。

（9）在一些可遇而不可求的场景中邂逅某类特定的人物对象，例如与领导偶然同乘电梯，在排队登机过程中遇到某个天使投资人，都有几十秒的沟通时间，你要在最短的时间内争取最大的沟通效果。你若是具备良好的打草稿能力，一旦确定沟通对象后，就能迅速梳理沟通内容，并排列次序，打好腹稿再开口。你要确保在极短时间内介绍自己、介绍项目，表达自己想表达的信息。清晰的表达方式和准确的表达内容能让对方愿意听你说，愿意与你沟通，因此你马上就能建立正面印象。

总而言之，只有迅速打好草稿，接下来才能有效地做好临场发挥。

3.8 不恰当的说话方式

俗话说“病从口入，祸从嘴出”。有时候一句话就可能把事情办砸，把对方惹恼。

下面列举一些容易招人厌烦的说话方式，可作为自检对照，今后加强自我控制。

1. 嘴碎

有的人嘴碎，一刻也不得闲，整天絮絮叨叨，同样的内容反复说，什么都要点评一下，发表自己的看法，甚至是牢骚满腹，骂骂咧咧。其实，这些话说出来没有意义，只会让别人厌烦自己。

2. 淡化别人的价值

别人帮你忙，你对此的评价却轻描淡写。诸如:“帮不帮其实无所谓”，“也没什么用”，“也没解决什么问题”，“其实我自己也能搞定”等。这不仅否认了别人的价值，而且也不尊重人。

3. 不能正确对待别人的自嘲

别人在自嘲（诸如贬低自己的能力和实力，后悔当初的决定，承认自己的无能，甚至是自己骂自己）时，千万别附和。毕竟，人可以自己骂自己，别人跟着骂就不行了。

4. 强调自己的辛苦和价值

不要在别人面前强调自己有多辛苦、多累，贡献有多大，自己有多重要，等等，否则会自掉身价。因为，强调自己的辛苦和价值，就是在淡化别人的价值。强调自己的重要性和不可替代性，就是在否定别人的重要性。

强调自己的辛苦和价值，其结果往往适得其反。

5. 不尊重别人的梦想

每个人的梦想都是私人化的——在自己看来是神圣的，能对你说出来，说明对你充满了信任。所以，请你不要四处散播他人的梦想，更别嘲笑别人的梦想，因为在对方看来，这就是在赤裸裸地亵渎对方心中最神圣的东西。

6. 别人指出你的缺点，不能正确对待

别人若能当面指出你的缺点，你首先应表示感谢，这说明对方在关心你；若是对方对你有误会，你可在感谢之后加以解释。在这种情况下，你不要直接抗拒和反驳，甚至开始指责对方身上也有什么缺点。因为，这种针锋相对，除了说明你心胸狭窄，对你没有任何好处。

7. 代替别人做主

对别人的事务规划，或别人犹豫不决时，你最多给点参考意见，别过于武断地给出定义，甚至直接替代对方做主，哪怕你认为自己是对的，即便自己是好心，也不能这么干。毕竟，你不是当事人，没有权利替别人做主。

8. 强调自己很忙

即便你真的很忙，也不要轻易说出口。强调自己很忙，在对方听来，就是在说明："你不重要，你那点事不要来烦我，你不值得我为你耗费精力。"

9. 反复强调自己的正确性

事情是自己做的，方向是对的，也解决问题了，成果也有了，也产生价值了，这的确很好。如果反复强调，诸如"我早就说了吧；我当时的判断没错了；幸亏我当时如何如何；要不是我，这事就搞不成了"等，其实大可不必。俗话说，"话说三遍淡如水"，本来已有的价值，被你反复强调，反而给冲淡了。

10. 直接压制要不得

对别人说出来的话，不要直接压制。例如：别人说自己刚买了台奥迪 A4 汽车，你马上说有个亲戚刚买了台奥迪 A6 汽车；别人说自己的房子有 150 平方米，你马上强调自己的房子有 200 平方米。总之，就是自己一定要比别人更大、更好、更厉害、更高级、更上档次。这看似在现场压制了别人，自己好像赢了。其实只会遭到双倍损失：不但丢了一个认可你的朋友，而且多了一个厌烦你的对立者。

11. 直接打断对方的话

这是个老生常谈的问题了。对方话还没说完，自己就直接打断了。这就是在直接否定对方，觉得别人说的话不重要，也没有再听下去的必要，所以才会直接打断。这样很不礼貌，即便自己有不同意见，也得等对方把话说完。

12. 当场否定

有的人与他人意见不合，感觉别人观点不对，就当场反驳，当场抬杠。其实大可不必，除非你有充足的依据和材料，加上客观的分析依据，才可以当场提出不同意见。你若只是主观猜想和判断，也没有多少依据作为支撑，那还是别当场否定了，不然，你就成为别人眼中的杠精了。

13. 有外地人在场时用方言说话

在有外地人在场的情况下，有的人喜欢跟本地人直接说方言。无论这个外地人能否听懂当地方言，这种做法都是失礼之举。因为，虽然这只是你的习惯表达，或是你觉得这样沟通更方便，但是你考虑到在场的那位外地人是什么感觉了吗？在对方看来，这就是在有意排斥他。

14. 把“我早就说了”挂在嘴边

无论事情是办成了还是搞砸了，有人总要来这么一句不礼貌的口头禅：“我早就说了。”你想说明什么？自己高瞻远瞩，还是未卜先知？事情若是办成了，你这么说，就有抢功的嫌疑。事情若是办砸了，你这么说，就有逃避责任的嫌疑，并且会让对方更加烦躁。

15. 经常说“我早就知道了”

这句与“我早就说了”差不多。说出这句话的人，是在体现自己见多识广，经历丰富，见过大风大浪，吃过的盐可能比别人吃过的饭还多。同时，这也表达了一种不屑，“这有什么稀奇的”“这有什么大不了的”，或是无所谓，或者说得更直白——“这些都是我当年玩剩下的”，意在强调自己的领先和老练，同时暗喻别人没见过世面。

有的人对于那些即便自己没见识过的事情，也会嘴硬，强调“都差不多的，换汤不换药，都是在瞎搞”之类，反正就是不承认自己见识少或思维广度有限。这其实充分暴露了这类人的自大和抗拒学习的态度。

16. 回复单字

有的人喜欢用一个字回复别人，尤其在进行信息沟通（短信、微信等）的时候。别人有时会问：“在吗？有件事情商量一下。”结果，他就会回复一个“说”或“好”。这种单字回复，在本人看来，也许简洁明了，但在对方看来，却能明显感受到强硬、居高临下，甚至还带些冷淡。其实，这时多加个语气助词也费不了多少事，例如：好的、在的、您说。多说一个字，对方的感觉就会好多了。

3.9 如何把话说清楚

说话似乎人人都会，毕竟，从一岁就开始说话，但说了几十年，有些人也不见得能把话说清楚。

把话说清楚，是人际沟通的前提，也是别人愿意听你说话的原因之一。

你若是连话都说不清楚，估计接下来的事也难办。为了确保把话说清楚，你需要在以下几方面加强注意。

1．分清场合再说

在开口说话之前，你要看看现场有哪些人，有些话是否方便说出来，尤其是在现场出现身份不明的陌生人（也许是哪位领导、贵宾或竞争对手）时，你就别急着开口说话了。

2．询问对方的时间

在开场前，你不妨先问问对方有多少时间，以防止对方接下来有其他安排，没时间听你长篇大论的讲述。同时，你还可根据对方的回答，初步判断对方对你的重视程度；在接下来的沟通表述中，你可以根据对方所给的时间，调整自己的表述时长。

3．想清楚再说

在正式开口之前，你要想清楚怎么说，有条件的，可提前打个草稿，把内容次序排列清楚，或者打个腹稿。总之，就是别想起什么说什么。

4．明确主题

主题要先明确一下，以减少对方的猜测，也能让对方有所准备。接下来，你表述的内容也要紧扣这个主题，避免跑题。

5．控制好语速

说话尽量慢一点，保持每秒三四个字，这样吐字清楚，对方也能听明白。切忌语速太快。说快了，内容含糊，会使对方听不清楚，而且感觉你急于表达，多少有些主观。另外，说话快容易喷出口水，若是飞到对方脸上，就不太好了。再有，语速快了，有些话还没经过大脑考虑清楚就说出来了，容易忙中出错，再想收，可就收不回来了。

6. 控制好语调

这个要求稍微高一些。适当的抑扬顿挫还是要有的，不然的话，全程都是平声，会使对方犯困。当然，对于机密内容，语调和音量就得放低一些了。

7. 肢体动作的配合

肢体动作往往比语言有更好的表达效果。

8. 含蓄表达须再次确认

有些不方便直接表达的内容，沟通起来可能比较含蓄，这时就需要强调，并确认对方是否理解正确。

9. 语言结构清晰

语言结构清晰，表达的内容就会逻辑合理，重点突出，会给对方留下更深的记忆点。最常用的语言结构有两种：一种是预告加总结模式，一种是围绕主题模式。

预告加总结，就是先预告所说的主题包括哪几个内容点，然后逐个说明，再总结说明刚才有几个内容点。例如，介绍新产品：

（1）预告：我给大家介绍一下这款新产品的三个特点。

（2）正文：新产品的特点一、特点二和特点三分别是什么。

（3）总结：刚才，我给大家介绍了这款新产品的三个特点。

围绕主题式，就是先说明主题，然后从各个方面围绕主题进行辅助说明。例如，关于新产品上市：

主题：为了促进新产品上市。

围绕点 1：生产部门全力组织生产。

围绕点 2：物流部门确保运输及时准确。

围绕点 3：市场部门做了详细的市场推广方法说明。

围绕点 4：人事部门专门组建了新产品推广执行团队。

3.10　内部会议发言的技术要点

在单位内部会议上发言，也是讲究技术含量的，虽然只是说话，仅有几分钟而已，但不见得人人都能说得好，甚至说得清楚。

从积极的角度来说，无论自己当前是什么级别的员工，在参加任何内部会议时，都要做好随时发言的准备，无论被点名发言，还是自己有想法要主动表达。毕竟，辛苦是一回事，能否表达出来又是一回事。

这里简单列举一些在内部会议上发言的技术要点。

1. 开会带纸笔

无论什么会议，都要带上纸笔，这不仅方便自己做记录、打草稿，而且是工作态度的体现，还可表现出对会议主持人的尊重。

2. 要站立发言

发言要站起来，这是因为：

（1）出于对会议主持人和在座领导的尊敬。

（2）便于自己运气和提气，使声音更洪亮。

（3）有助于吸引全场的目光。

（4）便于自己肢体语言的发挥。

3. 提高音量

（1）声音尽量大一些。

（2）确保在场的人都能听见。

（3）吸引大家注意听你讲话。

（4）压过会场附近的背景噪声。

（5）说明自己的态度认真。

（6）说明你有底气，如发言声音小如蚊子哼，就会被认为是心虚。

4. 要做自我介绍

（1）你不能假定会场的每个人都对你很熟悉，自我介绍还是有必要的，尤其在入职时。

（2）说出“我是谁”，姓名要全称。

（3）说出“我负责什么工作”。

5．先做预告

（1）先预告自己的发言主题，只几个字即可。

（2）分模块、分点讲述，例如两个模块、七个点。

6．正文讲述带编号

即第一点：××××；第二点：××××。

7．复述最重要的点

在正文发言结束后，可将若干点中的重点拉出来强调一下。当然了，重点只能有一个。

8．要打草稿

（1）发言之前要打草稿，按照次序列明自己的发言内容。

（2）根据会议的内容和进程，不断更换草稿内容。

（3）发言时不时看看草稿，以防止跑题或遗漏。

（4）草稿上的字要认真写；字迹过于潦草，自己在正式发言时也许会看不清楚。

（5）草稿上的字一定要大，因为人处于紧张状态时视力会下降。

9．眼睛要巡视

（1）来回巡视全场参会人员。

（2）在巡视的过程中，找到在表情和眼神上能呼应你的人。

（3）对于躲闪你眼光的人，再多看他一眼。

10．肢体动作

（1）一定要有配套的肢体动作。

（2）听众有时候更容易注意你的肢体动作。

（3）肢体动作的幅度要大，这会使你显得很投入，且精神状态较佳。

（4）挥舞手臂时，手上不要拿东西（例如笔），以免一激动甩飞了。

3.11　对不当行为的控制

在人际交往中，言行举止要得当。举止不当不但会损坏自己的个人形象，还会得罪他人。

不当的言行举止更多是在无意识的状态下出现的，或是习惯使然。所以，先得知道哪些言行举止不能出现，再对自己的习惯性言行举止进行检查，剔除那些不靠谱、思维混乱、孩子气、冲动、自大、傲慢等的言行举止。总而言之，作为成熟的成年人，不应该出现以下言行举止。

1．开玩笑

不要开玩笑。也许你认为开玩笑是件很轻松的事情，但你考虑过对方的感受吗？对方被惊吓、被调侃、被误导，感觉会好吗？对方若心情不好，加上被你取笑，很可能跟你发生冲突。至少，开别人的玩笑，在对方看来，就是对他不尊重；同时，也体现出你的孩子气和不稳重。

2．向别人询问你的失物

有的人，自己的东西不见了，就到处问别人有没有看到。也许，你会觉得这没什么，只是问一下，看看其他人有没有看到而已。但是，别人也许不这么想，别人会认为：你自己的东西丢了，却来问我，这是什么意思？难道怀疑是我拿了？

3．测试别人

设局故意耍别人，这也许只是开个玩笑，也许是有某种目的的测试。但是，在对方看来，这就意味着“你来测试我，说明你不相信我”，或是“已经开始怀疑我了”。

4．算命

有一种自动算命程序（在网站或手机 App 上），只要输入名字、星座、手机号、微信号，就会自动算出结果。首先，这不安全，在陌生的平台上输入自己的相关个人信息，存在安全隐患。你自己算算也就罢了，若是给别人算，万一出来不好的结果（例如抽出一支下下签之类的），就比较尴尬了。所以，别冒这个险了。

5．主动介绍自己的梦

有的人，自己做了一个非常特别的梦，感受很强烈，便急于与别人分享。这种做法很不妥。首先，这梦的内容本身可能是非常荒诞的，也是很私人的，别人即便有耐心听下去，也会听得莫名其妙。再说了，对别人来说，你这梦又有什么意义呢？除非你想借题发挥，即针对特定的某个人试图传达某个特定的信息。

6. 做不合适的主观评价

不合适的主观评价包括：站在个人立场，在公开场合进行主观的批评式评价，尤其是涉及一些敏感话题，如范畴较广的投资行为、消费行为和宗教行为等。这类评价涉及面太广，若直接否定也未免过于主观，关键是，在场人员的背景你都清楚吗？你所批评的这些行为，人家有吗？人家若有，你就会得罪人。

7. 翻看别人手机

现在，个人手机里的私人敏感信息太多了，你要把别人的手机当手雷看，碰都不要碰！若是别人主动给你看他手机里的某个照片或视频，你把脑袋伸过去看就可以了，别拿手接过来看，更不要在屏幕上有任何操作。

8. 别人输密码时不回避

你在别人输密码时不回避，也许只是出于好奇，或一时没反应过来，但别人就很尴尬了，在你热切目光的注视下，这密码是输还是不输？所以，你应该做出一个基本的礼仪动作：在别人输密码时，马上转头回避。

9. 三心二意地听别人说话

当别人说话时，你要么眼神游离，要么东张西望，总而言之，就是没有集中注意力听对方说话。你的眼神没有盯着对方，这会让对方感觉你对他说的话不感兴趣，这种行为等同于对他这个人的漠视和不尊敬。

10．当众展示你的选择纠结症

什么是选择纠结症？例如，有的人在点菜时，会反复纠结该点哪几个菜；在买衣服时，会反复纠结该买哪个颜色。你一旦患有此症，就会让身边的人觉得你这个人太纠结，太优柔寡断，没有决断力，没有魄力，过于啰唆，认为与你共事或合作很难。

11．当面一事托多家

拜托别人的事情，只能一对一拜托，不能当场一事托多家。否则，对方会认为："既然你同时委托了别人，说明对我还是不放心啊，那就由别人帮你办吧。"到最后，谁都不会为你的事情上心了。

12．当面网络查价

收到别人送的礼物或看到别人刚亮出某个新奇的物件时，不要当时就上网查价格，甚至把价格当场报出来。

3.12　做好表情管理

说错话会得罪人;把脸拉下来，也会得罪人，而且得罪人的速度更快。

这是因为：

（1）脸上的表情可传递信号。

（2）语言可能是随口说出来的，可能是敷衍，甚至有可能是谎言。但脸上的表情，例如鄙视、不耐烦、烦躁、不感兴趣、冷漠、厌恶等，往往是你内心的真实态度。

问题是，自己的脸上当前是什么表情，自己往往不知道。也就是说，你在自己不知道的情况下，可能就把对方得罪了。

这就涉及表情控制的问题了。绝大多数人都可以控制自己的表情，基于当前的沟通主题或场合氛围，乃至对方的心情，人们会调整自己脸上的表情：或笑容满面，或严肃，或平和，或忧伤。只不过，这种有意识的控制所持续的时间很短，每次也就 20 秒左右，随后又会恢复成无意识的状态，即自己已经不再关注脸上的表情了，或者说，表情失控了。

这里有两个麻烦：

第一，人们素来有看人脸色的习惯，认为相由心生，表情（甚至长相）代表内心。虽然这种说法不科学，但这种习惯看法很难改变。再说，你内心的真实情况别人并不知道，也只能根据你的脸色进行揣度了。

第二，自己当前的表情是怎样的自己并不知道，甚至都没想过这个事，往往将注意力放在对对方的观察和自己的语言组织上了。

总而言之，表情控制不当，照样会导致沟通障碍，甚至得罪人。那该怎么办？

长相是天生的，绝大多数人都不想通过做整容手术改变自己的长相。不过，表情倒是可以控制的。优秀的演员和有良好家庭教养的人都有一个共同点，就是能持续控制自己脸上的表情。尤其在工作场合，自己个人的喜怒哀乐，最好不要过于直接地在脸上表现出来。对人对事的态度，若直接挂在脸上，就显得太幼稚了。所谓城府，就是心里已经翻江倒海，但脸上不表现出来。

以下五个措施有助于表情控制。

1．调整心态

这是根本的解决方案，但难度很大，需要自己能保持安定平和的心态、高度的自信，对别人的情绪感同身受并能体谅。

2．提醒自己

在沟通过程中，你要时刻提醒自己注意脸上的表情，或让身边的同事保持对自己的观察并提醒自己。你至少要和对方保持同步，当看到别人脸上出现不耐烦或哀伤的神情，就别再嘻嘻哈哈了。

3．微笑训练

可以用空姐练习微笑的方法进行训练：嘴里咬根筷子，每天坚持两小时，只要几个月，就能形成脸上的肌肉记忆。

4．舌头抵上颚

不说话的时候，用舌头抵住上颚，此时的脸部表情相对自然，不至于僵硬。

5．照镜子

通过镜子直接看自己脸上的表情，不合适就马上调整。可在自己的工位上、办公室墙壁上安装镜子，或在笔记本的侧面加贴小镜子。

在外部场所与别人沟通时，也可以在桌面上放置一些有镜面效果的随身物品，例如表面抛光的名片盒、背部带有镜面效果的手机壳、抛光的打火机、墨镜等，以便随时检查自己的面部表情。

3.13 保持积极的做事风格

稍微复杂的事情，很难当场搞定，或一步到位解决。因为事情越复杂，涉及的外部因素就越多，需要各种协调、各种等待、各种处理，总而言之，需要保持跟进。

做大事要有耐心，持续跟进，排除困难，坚定信心。不过，现实中虎头蛇尾、不了了之的情况太多了。如果持续跟进都做不到，就更别提克服推进过程中的各种困难了。

1. 持续跟进难的原因

1）忘了

这是最简单也最常见的原因，纯粹就是因为自己记性不好，把要跟进的事情忘了。

2）怕麻烦

怕麻烦，就是对困难预估不足，看问题太过简单，主观上认为办事就该这么简单。做事急于求成，一遇到困难，便产生畏惧和逃避心理，主张先放一放，可这一放就搁置下来了。

3）思维和方法单一

做事情不会变通，懒得创新，只会在一个固定的模式里转圈圈。在事务推进过程中，如果思维和方法过于单一或守旧，就难以有实质性进展。

4）只是等待

有的人习惯纯粹等待、被动等待，既不主动跟进，也不积极处理推进过程中的问题。他们总认为“车到山前必有路”，等着“船到桥头自然直”。

5）认为是别人的事情

有的人认为自己该做的事情都做了，该提供的信息也提供了，接下来就是对方的事情了，对方应该主动跟进才是（尤其在由对方主导整个事件时）。对于对方是否收到这些信息，是不是应该提醒对方，是不是应该协助对方，统统不予考虑。

6）基础工作有问题

基础薄弱会导致推进乏力，虽然主观上有推进意愿，但受制于基础工作不力，实质上难以推进。

7）怕显得自己掉价

这更多是一种自定假设，有的人认为若自己过于积极跟进，会显得太性急，太功利，或显得自己掉价了，为了维护自己淡泊名利的高大形象，所以故意不跟进。

8）当领导当习惯了

在部队，多少有点权力和地位，也许不需要亲自跟进每一件事，只要发布指令，下属会保持主动跟进，并定期给自己反馈进度，长此以往，导致自己丧失了主动跟进的意识。

客观来说，事情的处理和目标的达成需要一步步推进。这需要有耐心，需要保持主动推进，需要积极处理推进中的问题。再有，从责任的角度来说，需要自己保持推进的工作可分为两种：一种工作是自己主导的，需要全程负责；还有一种工作是别人主导的，自己只是其中一个环节，需要负责的内容有限。无论是哪种情况，只要事情涉及自己，就得保持主动推进。哪怕你只涉及其中一个小模块，只要是你经手的，就得确保高质量完成——在你这个环节上不出问题。甚至整件事情最后失败了，你在整体事件中所起的作用也得是正面的、积极的。因为，这事关你的个人形象。

2. 保持主动跟进的要点

1）建立项目推进总表

用图表的形式将整个事件的过程绘制出来，标注上若干节点，注明计划执行时间。将此表张贴上墙，随时查看。将推进过程做成图表张贴出来的目的是避免遗忘，根据所标注的推进节点和时间进行跟进，并填写实际跟进情况及时间点。

2）建立信息闭环

别人发送给你的信息，你要及时回复。你要确认自己收到了，并复述内容，以防止接收遗漏或理解偏差。而你发送给别人的信息，也要跟进确认——确认文件收到，并打开，确认信息的完整性和理解正确，并拿到对方的反馈。你要做到事事有回复，件件能落实，这也是进一步强化“靠谱”的措施之一。

3）预测推进中的困难

在推进过程中，一帆风顺的可能性不大。各种各样的困难难免会出现，也许还无法全部解决。但是，你要能够预知，在心理上有个准备，再基于这些可能出现的困难提前做好准备工作，以减少后期推进中的困难。

4）及时提醒别人

你的记性好，不代表别人的记性也好。事情在推进中涉及他人时，他人也许会忘掉。他人也许事情多，不见得能优先处理你的事情，所以，你要保持对别人的提醒，这至少表示你对这件事的认真态度和责任心。

3．工作不够积极主动的原因

说到对工作积极主动，这个道理大家都知道。只是，在实际场景中，有人在面对需要自己处理的工作时，还是会习惯性地先放一放，诸如：

（1）刚接到一个电子邮件，明天再看吧。

（2）净化器滤芯提示要换了——不急，过两天再说。

（3）原计划今天要写完报告，可现在有点累了，也没什么思绪，明天早点起来写吧。

（4）下午临下班接到一项任务，认为“马上都下班了，明天再处理吧”，或者，“今天是周末，下周一再处理”。

（5）怎么又出来个事？先放一下，等有空再说。

（6）领导刚下达了指令，客户刚传信息过来，也许还会变，先等一下。

（7）收到对方的请求，也不知道对方上不上路子，先放一放再说。

马上能办的事，非要拖一下，为什么？

（1）有些人是因为自己的惰性，也就是懒、追求安逸，哪怕只能舒服眼前这么一会儿，也要先舒服了再说，总是遇事能拖就拖，实在没办法了才处理。

（2）自己主观上认为这事不着急、不重要，是可以拖的。

（3）今天时间紧张，自己没有精力，等明天好了。

（4）以前有过相关经历，前脚交办下来的工作，后脚又变了，也许取消了，也许又转交给别人了，也许情况又有变化了，还是等等再说，免得自己做无用功。

马上办还是拖一下？这是两种截然不同的思维习惯。思维决定结果。这两种思维习惯的背后，会带来两种完全不同的结果。若是长期遇事拖延，就会形成拖延症。

4. 拖延症带来的麻烦

1）时间成本提高

“明日复明日，明日何其多。”这世上最昂贵的成本就是时间成本。许多事情，即刻处理和拖延处理，所需要的时间成本要相差很多，何苦把原本只需花费十分钟搞定的事情，一直拖到花费半天、一天的时间解决呢？回顾一下以往工作的内容，你不难发现有大量时间浪费在这种事情上，因为自己对工作事务拖延处理，导致在后期又要额外付出数倍的时间成本。而后期所额外耗费的时间，又可能对后面的新工作产生影响，导致恶性循环。

2）成功解决的概率降低和成本提高

事情总是不断发展变化的，对大多数新发生的问题，越早解决，解决的成功率也就越高，成本也越低。你若把它拖下去，待环境变化了，对接人有变化，事情的性质就可能发生变化。最佳的处理时机窗口过去后，积累量会导致事情变性，解决问题的成功概率也就开始同步下降，同时，最终的解决成本也会更高。例如，对客户投诉，若是当时就立刻处理，付出的成本就有限，若一直拖着不处理，导致客户火气越来越大，不断上诉，牵涉更多部门、更多人，你再来一个个摆平，这成本可就高多了。

3）对个人品牌的不良影响

无论在生活中还是在工作中，从接受信息指令到落实到具体行动，大家都喜欢反应迅速的人，这会有效提升个人品牌。毕竟，能够马上执行，且不说最终的处理结果怎样，至少说明这个人的态度是端正的，是积极的，是靠谱的。而那些办事拖拉的人，则很容易在他人面前形成态度消极、缺乏积极性和工作热情等负面印象。尤其对别人交代给你的事，切不可石沉大海，否则，对方会认为你不尊重他，没把他当回事，甚至心生怨恨，对你形成负面定位，今后你也就很难获得与其合作的机会了。

4）被遗忘概率增加

一般来讲，人会有 20% 以上的遗忘递增率，也就是说，今天接受的信息，从次日开始，每天会有20%以上的记忆丢失。同时，人还有15%左右的记忆错乱率，即在脑海中所记的各项事务中有15%左右的事务会发生交叉，从而出现张冠李戴的情形。也就是说，事情拖得越久，被遗忘或出现记忆错乱的状况也就越多。

5）形成不良工作习惯

人的行为和态度都是由其思想决定的，而人的思想有八成以上是由其思维习惯主导的。思维习惯是由其自身所经历的事件积累形成的。遇事情拖一下再处理，次数一多，也就形成了一个思维习惯：以后再遇事时，习惯性先放一下，再做处理。许多创业者之所以失败，就是因为他们在单位上班期间已经形成了一些不良的工作习惯。自己创业后，习惯性思维仍然发挥着作用，导致工作效率低下，最终创业失败。

很多人认为，自己拖一下的事情都是小事情，大事情肯定不会拖延的。其实，这世界上哪有什么真正意义上的大事情？任何大事情都是由若干个小事情组成的，把这些看起来零散的小事情办好了，整合起来就能办好大事。

总而言之，得养成积极的做事风格，尤其要清醒地认识到马上办和拖一下再办之间的巨大差异，对自己要有较高的要求，以避免自己为拖延工作而找理由。你甚至要自增压力，逼一下自己，上午能办的事就不拖到下午，今天能办的事就不拖到明天，能提前办的事尽量提前办。你要时刻记住，越拖，解决成本越高，成功解决的概率就越小。

3.14　做好个人预算

做事要有规划，花钱也得有规划。

钱反正都要花了。不过，有准备和没准备是不一样的，可影响到花钱的效率，还会影响到花钱时的心情。企业的财务开支会提前一年建立预算制度，而个人或家庭也要有些预算意识。

所谓预算，就是提前算好要花哪些钱。也许有人觉得，有钱才能计算怎么花钱，自己现在钱很少，甚至没钱，因此没必要做什么预算。这样想就错了。预算就是建立对花钱的规划性，尤其是对未来花钱进行早期规划，与当前有没有钱没有直接的关系。再说了，你要对自己有信心，不能因为“现在没钱”，就认为自己未来也没钱。

那么，预算意识包括哪些具体内容呢？

1．预算的长度

短则一年，长则十年。

2．预算的类别

（1）必备的固定开支。例如，固定要付房贷、家庭生活费、孩子的学费、老人的赡养费、车子保养费等。

（2）大额开支。例如，高价家电家具、买车换车、房子整体装修或买新房。

（3）机动开支。简单点说，就是有钱就花，没有就算了。例如，旅游、健身锻炼、兴趣爱好、改善型的家具家电更换、局部装修、车辆升级。

（4）投资类开支。例如，储蓄、保险、股票、基金、有价证券、投资性房产购入等。

（5）应急类开支。因突然遭遇变故所需要花的钱，例如提前还款、家人突发疾病、事故赔偿等。

3．基本的安全底线

（1）出于安全考虑，要确保在无收入的情况下，至少有可以维持一年基本生活的费用。

（2）若财务较宽裕，可额外准备一笔安全备用金，原则上这笔钱存在银行里不动，只作为应急之用。

4．反推收入

开支情况摆在这里，要有对应的收入作为保障，至少得量入为出。基于开支，对自己要有收入的目标设定，要确保收入能应对必备的固定开支。

5．控制开支

基于预算，对自己的开支进行约束（压缩），避免财务收支衔接不上，尤其要注意以下几点。

（1）避免随意的开支，减少浪费。

（2）避免赌气式或冲动式花钱。

（3）避免随意把钱借给别人。

（4）避免超前消费，尤其不能花还没到手的钱。

（5）基于自己的实际收入情况，约束自己对信用卡及借贷类消费权益的过度使用。

6．养成记账习惯

养成基本的记账习惯，至少有个月度开支汇总。基于实际的开支数据，在一定程度上也能约束自己随意花钱。

7．内部告知

对自己做的预算、预计的未来收入情况以及已经发生的开支记录（记账），可在一定范围内（夫妻、家庭、家族）公开，让其他人也知晓。作为一个基本的框架和约束，避免大家在大额开支和随意开支方面出现分歧，减少其他人的冲动型开支。

8．从个人花钱到创业时的开支

先建立个人的预算，形成思想上的认知和行为上的习惯。自己创业时，建立企业的开支预算也就顺手多了。毕竟，企业预算和个人预算的原理基本相同。有些初创型企业在资金层面出事，多半就是缺乏预算意识导致的。若没有对未来的财务开支的计划，花钱太随意，甚至大手大脚，就会导致资金周转不过来，甚至出现资金链断裂的情况。

第 4 章　做好个人规划及其实施

4.1　从退役前三个月开始做规划

大学生找工作，一般得从大二开始。大二要开始认识职场，学习做简历，接触面试，基本确立专业方向和就业方向。最好从简单的临时工或实习生开始。总而言之，就是及早接触，全面了解，分析差距，再进行针对性强化补课，建立人际关系，储备人脉资源。不然，大学生等到大四毕业再联系找工作，就已经来不及了。

军人在退役之后，同样面临个人事业发展问题:就业也好，创业也罢，总得有个明确的发展方向，然后建立规划，再基于规划逐步推进。不过，对于这个规划，是等退役之后再考虑，还是在退役前就考虑呢?

有些人认为，这既然是退役后的发展规划，那就等退役后再进行。

他们为什么不在退役前进行规划呢？要么是因为有心无力，要么是因客观条件不允许，诸如：

（1）服役期间，每天都很忙，勤务、学习、战备、训练、考核等，日程永远是满的，一没时间，二没精力。

（2）自己是从学校直接参军入伍的，没上过一天班，对职场还没有清晰的概念和认知，对创业的认识也是模糊的。对情况不了解，就没办法做规划。

（3）不但对职业和事业发展不了解，其实，连自己今后究竟要做什么、往哪个方向走，也没个准谱，因此就无从下笔了。

（4）有人托底，不需要自己操心。例如，家里给安排好了，或是有熟人已经提前说好了，退役即上班，无缝衔接。

（5）太自信，以为自己在部队已经很优秀了，有各种立功奖章，今后退役回去找个工作，或自己干点什么，是很轻松的事。

（6）从小到大，一直都是别人（父母或单位领导）替自己做规划，自己对规划也没有概念，因此打算退役的时候再说。

（7）具体到发展目标，那就是找个好单位、好工作，或直接开始创业就是了。

站在客观角度，结合当前的社会环境、职场环境和创业环境，基于个人退役后的再发展，这规划应该早点做，至少，在退役前的三个月就要开始了，即便有些困难，也得克服。这是因为：

1．自己要独立

自己是成年人了，要独立，不能指望别人帮自己安排，不能“等、靠、要”，得主动考虑清楚自己未来要走什么样的路。

2. 别人只会帮有独立能力的人

不能简单地指望别人给予安排和帮助，自己要有独立生存和发展的基础能力。别人即便帮你，也只能是阶段性、单点上的。

3. 需要制订目标，做好规划

对自己的发展，需要重点关注三个基本要素：一是目标，二是规划（就是对目标的分解），三是早期筹备。至少，先得制订目标和规划。

4. 需要提升竞争优势

竞争处处都有。跟职场和创业比起来，部队内部的竞争要简单许多，你想在竞争中胜出，就得有更健全的基本功、多元化的复合能力，基于早期规划尽早为将来做好筹备工作。

5. 少走弯路的要求

等到退役后，真正身处职场时，你已经身陷其中：大量的信息、各种压力、各种选择、各种新问题都会蜂拥而来。这时，你很难站在旁观者的角度全面、客观且冷静地看待自己的发展问题。所以，在进入职场或启动创业之前，自己是清醒的、客观的、理性的，反而更适合做整体规划。

6. 可帮助确定学习内容

没接触过职场？不了解企业？简历怎么写？面试怎么谈？不懂劳资关系？打工和创业有啥区别？职业规划怎么做？创业规划怎么做？不懂

没关系，解决办法只有一个，展开广泛的学习。有书、有资料、有网络课程，可按照职业规划进行有目的的学习。

7. 做好早期筹备可提升推进效率

凡事预则立，不预则废。做事情，尤其是做大事情，都得进行早期筹备，千万不能有“到时候再说”“碰运气”“船到桥头自然直”之类的想法，否则很容易一事无成。所以，你应该基于规划展开相关的筹备工作，这样一来，到退役时，你已经有一定的筹备作为基础，推进效率就会高很多。

8. 便于与当前部队生活做好衔接

社会是个有机的共同体，各行各业之间存在许多共同之处。部队的生活、工作、学习、训练、勤务，与社会环境中的上班和创业也存在许多共同点。诸如对标准化和流程体系的认识和运用，时间规划，后台、后勤支持，预案的建立，强化训练与条件反射的执行，信息传递的确认和反馈，内务及现场管理，可视化管理，新兵、新员工的迅速上手，等等，这些在部队中耳熟能详的内容，在入职和创业时，照样用得上。

9. 以便尽早开始通用型职业技术的学习

对于专业型的职业技术学习，因为其方向不明确，且耗时较长，对学习、实习的要求较高，你可以等退役后再开始。但对于通用型的基础职业技术（见表 4-1），你可以在服役期间展开同步学习，例如普通话、外语、计算机运用、演讲、硬笔书法、商业原理、人际沟通及礼仪、写作等，上班也好，创业也罢，这些都用得着。

表 4-1　退役军人通用型职业技术的学习规划

学习科目	学习启动时间	预计学成时间	费用预算	学习时间安排	学习方式	掌握内容	基本运用场景	技术等级结业证书	过程一	过程二	过程三	过程四
驾驶	年　月　日	年　月　日										
常用英文单词	年　月　日	年　月　日										
计算机软件运用	年　月　日	年　月　日										
普通话	年　月　日	年　月　日										
商务礼仪	年　月　日	年　月　日										
游泳	年　月　日	年　月　日										

续表

学习科目	学习启动时间	预计学成时间	费用预算	学习时间安排	学习方式	掌握内容	基本运用场景	技术等级结业证书	过程一	过程二	过程三	过程四
办公设备使用	年 月 日	年 月 日										
人际沟通	年 月 日	年 月 日										
基本财务知识	年 月 日	年 月 日										
基本法律知识	年 月 日	年 月 日										
	年 月 日	年 月 日										
	年 月 日	年 月 日										
	年 月 日	年 月 日										
	年 月 日	年 月 日										

使用说明：退役军人在退役初期，在正式就业之前，给自己留出一段筹备期，进行个人层面的整体梳理和筹备。其间，需要进行相关基础通用型职业技术的学习，需要建立对应的学习内容及进度规划。

4.2 为什么不肯做规划

未来是什么？是对今天的重复、无限的发展可能、新的高度、新的成就、新的希望，还是一片茫然？

对于未来，你能想到多久？三五年以后，十年、二十年以后，还是三五十年以后？

对于未来，我们都有过想象。你究竟将其当成一个模糊的想象，还是形成了一个明确的目标和清晰的推进规划？二者存在本质的区别。

这就涉及一个老生常谈的问题——规划，对于未来人生的规划。对于规划的必要性，大家好像都明白，但真正能把规划清晰地做出来的人却凤毛麟角。

为什么大多数人没有对自己的未来建立规划？原因如下。

1. 自己在主观上觉得没用

务虚的、空的规划，做了也没用。自己以前也没做规划，发展到现在不也挺好的？身边的成功人士，自己并没看他们做什么规划，也就是稀里糊涂地闯，直到成功。再说，现代社会变化太快，计划赶不上变化，到时候再说吧，“车到山前必有路，船到桥头自然直”。

2. 等着别人给自己做规划

习惯于由父母给自己做规划，选什么学校、读什么专业、进什么样的单位，甚至找什么样的对象，父母都事无巨细地给规划好了。自己进入体制内、军队，或是管理规范的大型企业，也会有相关部门协助自己做职业发展规划，自己不用操这份心，等着就是了。

3. 别人说规划没用

身边人都说："一说做规划，别人就笑话我，搞得我也不好意思做规划了。"殊不知，别人无须对你的未来负责，人家就是随便一说，你却当了真。

4. 没有在规划方面有过收益

前面没尝到甜头，自然没有后面的持续；以前没做过规划，更没在规划方面有所收益，对规划自然也就较无感——既没有心情，也没有动力研究规划。

5. 强调单点突破，不重视整体逻辑

这是很多人的一个毛病，认为靠某一两个优势点就能撑起一片事业，最好是一步到位达成目标。例如，自己是个厨师，烧菜特别好吃，基于此就能开个饭店。稍微复杂一点的事情，是讲逻辑关系的，要注意涉及的环节，各环节之间的组建和匹配，各事务之间的推进次序等。做规划要求把逻辑关系表述清楚。坚信一步到位、仅凭一个单点就搞定所有问题的人，自然不需要规划了。

4.3 如何做规划

1. 为什么要做规划

（1）明确了发展规划，接下来才会研究、尝试、推进，乃至达成所愿。做规划，首先要鼓励自己对未来进行积极想象，大胆想象，如果连想都不敢想，就是把自己的思想束缚住了。“三十年前不要怕，三十年后不要悔。”后悔的，往往不是做了什么，而是没做什么。为什么没做？主要是因为之前压根儿没想到。

（2）时间的洪流滚滚向前，一刻也不停歇。过了 30 岁之后，你会感觉时间过得越来越快，以前觉得很遥远的事情，很快就会出现在你面前。时间永远不会停下来。那么，你愿意被时间裹挟着被动向前走，还是提前规划好对时间的分配和利用，主动向前走呢？

（3）一般人对未来只有想象，而想象是迷糊的、抽象的，容易被左右，甚至自己都会不停地否定和变更。而规划是清晰的，且存在逻辑关系。规划确定下来之后，就会成为坚定自己持续走下去的信心来源。

（4）做规划，要先确定目标，再进行阶段分解以及资源配置。若是没有明确的目标，甚至经常换目标，主线不明确，中途有各种变换、各种折腾、各种无谓的消耗，资源就会被分散掉，那么前期做的一些工作和铺垫又会被搁置甚至浪费。这就好比猴子掰玉米，不停地更换目标，不停地扔掉手中已有的玉米。

（5）基于规划的明确性，才能反推需要提前做哪些工作，尤其是需要用大量时间进行铺垫和筹备的工作。如技术类的学习、个人品牌的建立、人脉关系的搭建、宣传工作的持续、经验的积累、人员选择及培养等，都需要大量的时间进行前期准备。“临时抱佛脚”来不及。

（6）规划与个人形象之间的关系。有规划，则思路清楚，能稳定有序地推进。而没规划，多变，自然也就不会持久。而且，别人会对你产生怀疑——这人稳当吗？靠谱吗？清晰的整体规划有助于提升你的个人品牌形象。

（7）规划只能提前做，事后做的那叫回忆录。在前期，很多具体的事务还没启动，自己的脑子比较清醒，看问题容易抓到主线，这就好比站在云端俯瞰地面，历历在目。而项目一旦开始启动，大量的具体繁杂的事务出现了，自己就会身陷其中，很难保持置之度外的眼光和格局了。

（8）做事必然会涉及各种人，我们往往习惯在别人身上寄托希望。其实，这样还不如进行明确分工，以便更靠谱。

（9）没有整体规划这个框架作为约束，自己就很容易在某个阶段、某个环节做出一些冲动的决策，因为没有整体框架作为控制基准。所以，规划也可以成为一个自我控制的工具，可避免自己被阶段性的成功冲昏头脑，做出不切实际的决策。

（10）自己不做规划，就可能成为别人规划的一部分，你愿意吗？

（11）建立规划的目的是要让自己知道，今天做的每一件事、见到的每一个人、每一次学习、每一个积累得出的教训，与未来的发展有什么关系。看到自己每天都有积累，每天都在向前推进，就会对未来有希望、有盼头，自然会对自己的情绪产生非常积极的正面促进作用。

2. 规划的作用是什么

（1）明确方向，确定总体目标。

（2）划分阶段，即将大目标分解成若干个阶段性小目标。

（3）通过推演基本建立通达目标的路径。

（4）测算所涉及的各类资源及其来源。

（5）测算前期需要筹备的内容。

（6）考虑涉及的人、涉及的事、涉及的次序及流程。

（7）设定时间轴线，对各项工作设定具体时间。

（8）提早预测可能出现的各种变化和意外，推演推进过程中可能出现的冲突和矛盾，尽早规划应对方案。

3. 规划应该涉及哪些方面

人生复杂，需要面对方方面面的问题，规划也应该划分类别，可大可小，诸如：

（1）个人生活，包括学历专业、兴趣爱好、健康状况、人脉关系、财务安排等。

（2）家庭规划，包括买房、装修翻新、买车、婚姻关系、子女教育、老人赡养、亲属关系、人情往来、旅游、移民等。

（3）职业规划，包括职务晋升、专业学习、职业能力评测、收入目标、股份期权等。

（4）事业规划，包括个人的专业方向、事业类型、前期筹备与起步、运营结构、社会价值等。

4. 规划的实施

（1）使用大开图纸，将规划绘制成挂图（见表 4–2、表 4–3、表 4–4），因为挂图的形式更方便查看或分析。

（2）基于实际推进情况，定期进行回顾、总结和完善。回头看看已经走过的路，自己内心也会有更多的充实感和成就感，以免产生茫然感。

表 4–2　人生规划的表例

模　块	分类项目	年　份		
身体健康	定期 / 定向体检			
	调养 / 治疗			
财务规划	年度收入			
	储蓄总额			
	保险			
	有价证券 / 股票			
个人资产	住宅自用 / 投资			
	车辆			
	艺术收藏品			

续表

模　块	分类项目	年　份		
家庭组建	对象模型 / 交往			
	结婚			
	老人赡养			
孩子	老大 / 老二 / 老三			
	国籍 / 户籍 / 姓名			
	身体 / 性格塑造			
	学业 / 特长 / 事业			
个人事业	行业 / 商业形态			
	筹备事务			
	合伙人 / 投资者			
	项目验证 / 启动			
	岗位 / 权限 / 股权			
	社会荣誉			
	政治身份			
	个人技能学习			
职业发展	行业			
	专业技术 / 职称			
	职务 / 晋升			
	业绩案例			
	管理能力			

表 4–3　就业规划

时间节点：正式退出现役后　　基本导向：先就业，再择业，后创业

	调整适应阶段	筹备阶段	接触阶段	第一份工作	第二份工作
关键点	适应各种落差	不打无准备之仗	释放正面信息	先就业，再择业	明确专业和发展方向，再发展
时长	1~2 个月	2~3 个月	1~3 个月	0.5~1 年	2~3 年
建议所在地	户籍所在地	户籍所在地	户籍所在地	户籍所在地 / 资源所在地	全国范围
目标所在	1. 客观看待各类落差 2. 避免茫然和消极情绪 3. 确定发展城市 4. 客观评估自己 5. 确定基本发展方向 6. 全面检查身体 7. 理顺家庭关系	1. 健全基本功 2. 启动基础职业技术的学习 3. 建立人际接触清单 4. 适应落差 5. 提炼个人优势 6. 量化个人短板	1. 释放个人信息 2. 结交新人脉关系 3. 建立初步的个人品牌 4. 避免被其他人的消极思想影响 5. 释放自己的再学习动态	1. 选择门槛较低的小型企业 2. 先进入在职状态 3. 不强求待遇 4. 不强调舒服 5. 工作即学习 6. 企业作为后续发展的跳板 7. 接触职场人脉关系 8. 尝试晋升	1. 明确专业方向 2. 学习专业知识 3. 建立区域知名度 4. 扩展人脉 5. 同步创业筹备 6. 个人业绩案例 7. 明确个人身价 8. 考取专业证书

续表

<table>
<tr><th></th><th>调整适应阶段</th><th>筹备阶段</th><th>接触阶段</th><th>第一份工作</th><th>第二份工作</th></tr>
<tr><td>忌讳</td><td>1．释放信息
2．直接找工作</td><td>1．直接创业
2．进入传销行业</td><td>1．状态消极，个人形象受损
2．认为自己的能力和经验积累足够</td><td>1．抱着养老、享受的心态选择工作
2．试图一步到位</td><td>1．各种对比、计算
2．要求马上被重用</td></tr>
<tr><td>心理变化</td><td>从兴奋和充满希望到逐渐冷却</td><td>军队与地方的环境、人文落差</td><td>释放出的信息构成希望，充实自己</td><td>职场环境和军队环境的差异所带来的冲击</td><td>1. 上升的压力
2. 面对的新问题</td></tr>
<tr><td>学习规划</td><td colspan="3">通用的基础类职业技术的学习（可选，自增）
1．车辆驾驶　2．普通话　3．商务礼仪　4．时间管理
5．基本的计算机软件　6．常用英语　7．人际沟通　8．公文写作
9．速记　10．游泳　11．办公设备的使用　12．基本财务知识
13．办公室收纳整理</td><td>1．自我管理
2．工作思维及习惯
3．基础商业沟通
4．企业章程
5．行业专业知识</td><td>1．专业技术学习
2．人事管理
3．项目管理
4．规划设计能力</td></tr>
</table>

续表

	调整适应阶段	筹备阶段	接触阶段	第一份工作	第二份工作
相关工作的排序	1. 户籍转移 / 身份证 / 户口本 2. 政治关系转移 3. 护照 / 港澳通行证 4. 银行工资账户 / 医疗 / 社保 5. 手机号 / 微信号 / 电子邮件 6. 家庭关系	1. 就业预算设定 2. 简历撰写 / 面试锻炼 3. 家庭内务整理 4. 时间管理 5. 行业选择与了解 6. 微信清理 / 发布内容设置	1. 手机管理 2. 见人清单 3. 会面排序 4. 着装仪表 5. 控制自己在各类场合及微信群里的发言 6. 人脉关系的系统管理	1. 职业发展规划 2. 良好的个人内务 3. 基本现场管理 4. 执行力强 5. 有再学习意识 6. 沟通能力实际强化	1. 人际交往 2. 业绩资历 3. 管理经验积累 4. 创业筹备规划 5. 表达能力锻炼 6. 人脉关系管理

表 4–4　个人创业的基本推进结构（就业与创业的软过渡模式）

早期设想	**初步规划**	**职业模式**					
调研，论证	创业方向	**职业起步**	**职业发展**	**专业成熟**	**内部独立**	**关系转换**	
是否要创业	竞争对手	目标行业	行业与专业	完全上手	内部承包	对立风险预防	
创业取向	商业形态	目标企业	客户接触	独当一面	项目外包	合作伙伴关系	
进入行业	销售体系	应聘入职	体系结构	专业形象	下游延伸		**企业升级**
介入方式	渠道结构	初始岗位	渠道客户	行业地位口碑	周边配套		战略规划与阶段分解
商业模式	市场容量	职业规划	协作机构	离职限制预防		**上轨道**	全面预算管理
所需资源	专业筹备	内部拜师	法务财务	人员培养		项目成型	管理与经营匹配
营利模式	发展趋势	全面学习	执行人员		**过渡阶段**	过盈亏平衡点	风险控制，法务部门
	技术	积极筹备	人事管理		最乱的心理准备	团队稳定	效率与成本
基本筹备	人力资源	个人履历干净		**建立并持续修正**	试运营	客户稳定	轮岗与迅速上手
提示：基础，通用型	硬件软件			运营框架	小范围宣传	业绩稳定	政府资源
家庭关系	相关法规		**基本框架搭建**	客户模型，数量目标	人员/客户磨合	社会关系	外部人才储备与快速培养
人际沟通	已有资源		合伙人磨合	资金	建立协作机构	核心竞争力	分散与关联投资
英文，特定方言	投资人	**早期事务**	生意模式与营利模式	业务推进路径	事故灭火	差异优势	全对象财务价值量化
演讲，普通话	资金来源	提示：时间成本高的事务先做	公司章程	宣传	资源匹配度	人才培养机制	技术研发
驾驶，游泳		选行业，选生意模式	组织架构	运营策略	产品/项目打磨	中层干部	上市准备与企业市值
法律，财务		公司注册	场地与装修方案	人际关系维护	资金追加	部门与岗位	业务延伸
个人品牌打造		商标，网站	资源与匹配度	家庭后顾之忧	盈亏平衡点	初步数据化	信息化平台
奢侈品		公众号	当前资源清点	选人，储备	问题预知与催生	组织架构	社会价值
礼仪		合伙人观察与初选	选人，储备				
		选人，储备，早期培养，早期磨合					
		创业模式					
时间轴线 →							

4.4　退役之后的安全管理

作为家长，你应该有必要的安全意识和防备措施，要承担对所有家人的安全防护责任。

之所以强调个人安全意识，是因为在军队服役期间，军人对个人安全的意识是比较淡薄的，毕竟在部队这个特殊环境里，个人的安全系数是足够高的。

军官退役回家后，安全问题就只能自己搞定了。毕竟，在地方的社会环境以及创业的商业环境中，多少会有些不安全因素，要多了解、多预防，减少安全事故的发生概率。

首先，要树立相关的安全意识，具体如下。

（1）社会上的不安全因素是客观存在的。

（2）不能有侥幸心理，认为自己福大、命大，这些倒霉事自己肯定遇不上，从概率的角度来说，谁都有一定的可能性会遇到。

（3）不占便宜，不要有过度的好奇心，不要以为自己不是一般人。

（4）即便你在以前遭遇并应对过一些安全事故，自认为有经验，你也要认识到自身的知识结构已经老化，对新情况、新变化、新风险可能认识不足。

（5）不能因为是熟悉的环境、熟悉的事务、熟悉的人，就放松警惕，要知道，在刑事犯罪里，熟人作案的比例超过一半。

（6）出现安全问题，大多是因为自己大意，防范意识不足，对问题没有清晰的认识。

退役回归地方之后，主要会面临以下安全风险。

（1）环境安全。

（2）人身安全。

（3）信息与财产安全。

接下来具体介绍可能存在的风险点以及基本防范措施。

1．环境安全

环境安全主要是指居家环境、办公环境、外出环境的安全，基本原则是外防入侵、内防误伤。环境安全所涉及的安全防范要点具体如下。

（1）在大门外及房屋四周安装监控探头，绝大多数犯罪分子在动手前都会踩点。

（2）在大门上安装有感应功能的自动摄像头，有人接近或按门铃时会自动摄像。

（3）在门里安装单向的手动锁紧装置，即便只是个简单的横向插销。

（4）楼房的一楼出口大门外，注意是否存在高空坠物的可能性。

（5）窗户的内部安装锁闭装置，必要时安装分离式报警器，夜间关窗时打开，一旦窗户被打开就报警。

（6）观察家里安装在天花板上的吊扇、吊灯是否足够牢固。

（7）靠墙摆放的高柜需要安装与墙体的链接装置，以避免柜体倾倒。

（8）观察堆放在高处的物品是否有滑落的可能。

（9）确保挂贴在墙上的相框和牌匾等牢固；不在餐桌、床头及沙发上方安装大型相框，以防止其掉下来砸到人。

（10）对家里可能出现的漏水点进行检查和紧固，安装漏水报警器。

（11）抽烟、厨房、电器设备是家庭火灾的主要来源。在大功率电器插头，长期不动的充电器、燃气灶等附近，要安装自动灭火器。万一出现火灾，这些装置可自动爆开，抛撒灭火干粉。

（12）简单的小型手动灭火器可多配一些，每个房间都放置一支。还可使用大容量的瓶装可乐应急灭火。家里门多的，可考虑配置一支大型消防斧，以便在紧急情况下用来破门。

（13）原则上自己不接电线，要请专业电工处理，防止短路漏电;再有，触电保护器是必须安装的。

（14）要考虑电线及插排的有效负荷，避免承载太多用电设备。

（15）如果家里有老人，装修时尽量避免使用大块的光滑地砖。在厨房和洗手间还要安装防滑地砖；在洗手间马桶两侧和淋浴间要安装扶手，并安装紧急呼叫器。

（16）如果家里有老人和孩子，家具尽量选择不带锐角的，以避免撞击时受伤，还要减少玻璃制品的使用量。

（17）可在合法范畴内配置一些防卫器材，诸如干粉灭火器、长棍、生石灰包、超高音鸣叫器等。

（18）不随意拆装燃气设备，如需要可请专业人员处理。另外，煤气表要定期更换。

（19）安装烟雾及燃气泄漏报警器。

（20）燃气灶具应选择带自动熄火、断气功能的，以免因忘记关火导致火灾。

（21）存在火灾隐患的高层住宅可考虑安装高层缓降器，作为应急时的撤离措施。

2．人身安全

（1）可考虑给自己及家人购买人身意外保险，做到未雨绸缪。

（2）远离存在不安全因素的亲戚、熟人，尤其是有犯罪前科的。

（3）熟人邀请你到外地考察商业项目（可能是传销），或是带你免费游澳门（可能是赌博），或是让你帮忙带点东西（可能是违禁品）时，务必当心。

（4）家里突然停电时，应谨慎出门查看，以免落入坏人圈套。

（5）在野外环境，注意防范毒虫什么的，如蜜蜂，尤其是野蜂、毒蛇等，再有就是对自己不熟悉的野果、菌菇别随便采来当食物。

（6）要清楚全家每个人的过敏禁忌和药物禁忌。

（7）要准备基本的家庭常用药物，尤其是在紧急情况下使用的呼吸道疾病和心脏病应急药物。

（8）如果家里有宠物，要定期给宠物体检和打疫苗，同时尽量避免与宠物过度亲密。

（9）炫耀也是导致不安全的因素之一。对他人而言，你的成就与他没有关系，随便炫耀只会让他们产生嫉妒心理，甚至威胁你的人身和财产安全。

（10）警惕各类上门推销的人员，尤其是上门安装报警器、检查煤气、声称是电信公司办理宽带升级的人员。

（11）对于经常接触的保安、快递员、外卖员、上门修理工等，要注意保持距离，切莫泄露太多信息，尤其是家庭收入、男主人出差、全家要出去旅游之类的信息。

（12）对送上门的外卖和快递，要主动到电梯口接一下，减少外人窥视家庭情况的机会。

（13）预约上门安装维修事务时，要尽量安排在家人都在家的时候。

（14）设置一些只有家里人才知道的代码和有特定含义的词。

（15）要具备一些识别危险人员的基本常识。例如，有眼睛红、干瘦、牙齿黑、口臭严重，夏天穿长袖、长裤（可能用来遮针眼），身上有奶油爆米花香味（麻果的味道）等特征的人，可能是吸毒人员;全身衣服破旧，腰间扎一根新皮带，该系鞋带的鞋没有鞋带，手腕上有红印子（可能是镣铐痕迹）的人，有可能是越狱人员。

3．信息与财产安全

除了环境和人身安全，还要注意信息与财产安全。互联网时代，大数据得到迅速发展，在为我们的生活提供便捷的同时，也让个人信息和财产面临的风险大大增加。在信息与财产安全方面，要注意以下几点。

（1）在微信朋友圈里，不出现自己的身份证、家人照片、电话号码、家庭地址、生日、登机牌、车票、会员卡号、汽车牌号等信息。

（2）不轻易扫来历不明的二维码，不参与各类“砍一刀”活动，以及各类需要微信授权的投票活动。

（3）办理付费时，不要轻易把手机交由别人操作。

（4）对于手机短信、微信、电子邮件里的链接，不要轻易点击，即便是以所谓的官方名义发来的。

（5）以各种名义表示要主动给你钱、给你补贴、购物退款、中奖的、退税的，绝大多数是网络诈骗，尤其是打着著名企业、媒体、电商平台、政府部门名义的。

（6）当微信、QQ 群里的熟人向你提出付款要求时，你要当心，可能是熟人的微信、QQ 被盗用了，此时你直接打电话确认也不一定靠谱，因为现在有些变声软件可以模仿特定的声音。

（7）某些特定的后台程序可以通过公开使用的 Wi-Fi 入侵你的手机。

（8）给手机设定密码。

（9）对手机里所关联的各类信用卡、付款账户、电子凭证等，要有备份措施。在手机丢失时，要在第一时间挂失手机号，冻结手机银行。手机里不要存身份证照片。

（10）车不要外借。

（11）熟人之间，酒可以随便喝，但字不能随便签，尤其是涉及担保的，一旦被牵连进去，可能一夜返贫。

（12）自己丢失的证件，一定要做登报声明，以免被别人捡了去办理信用卡或网贷，到时候就变成“人在家中坐，祸从天上来”。

（13）每年主动在人民银行查询一次自己的个人征信情况，以防止自己或家人名下出现来历不明的贷款或信用卡。

（14）对收到的快递，在扔掉包装盒之前，要抹掉收件人信息。

（15）垃圾袋不要堆放在自家门口，以免别有用心的人通过翻看垃圾了解你的家庭情况。

（16）涉世不深的孩子和知识老化的老人往往更容易受骗，诸如为得到小礼品而乱扫码，被骗子诱导说出家里情况，孩子受唆使拿父母手机转账，等等。家里的贵重物品和备用钥匙的存放地点以及门锁密码等信息不要告诉孩子。

（17）涉及法律问题的，千万别按照自己的主观认知行事，必要时可咨询律师。

（18）每年检查自己的所有银行账户，包括各类储蓄账户和所有银行卡，看有没有莫名其妙多出来的账户，长期闲置不用的账户要及时注销（个人名下的银行账户原则上越少越好），别把账户借给别人用。

（19）每年查一次国家工商总局的网站，看自己是否成为某家公司的法人代表或股东。

（20）个人身份证绝不外借；办理手续需要提交身份证复印件时，要在复印件上注明“仅供 ×× 用途使用”。

（21）涉及重要签字，要使用自己带去的笔，以防止对方使用后期字迹会消失的特种笔；对特别重要的文件签署，还要做公证。

（22）所有可以被远程控制的设备，如监控、门锁、车辆、智能家居设备，都存在被其他人非法侵入控制的可能，要有备份或物理关闭措施。

（23）在公众场合，对离开过自己视线的饮料，就不要再喝了。

4.5 退役后的主动访谈

退役回家，其实也是一个浩大的工程，光是各种证件、手续的办理，就够忙的。

若是办理不顺利，也会给自己带来以下麻烦。

（1）额外耗费大量的精力和时间。

（2）会影响自己及家人的情绪，连续几次办理不顺利，自己就毛躁了（在办证大厅，拍桌子撕文件的大有人在）。

（3）丧失自信心，开始怀疑自己对社会事务的处理能力。

（4）对比自己在役时办事的便利（前呼后拥和各种笑脸相迎），感叹退役前后的落差。

（5）影响后续的就业创业项目衔接。

其实也没多少事，无非就是户口落户、身份证、户口本、医保卡、党团组织关系转移、伤残证明、预备役登记、就业技术培训、招聘会、项目会参与等。看起来流程不复杂，对到哪些部门办理哪些事情，相关文件上也写得很清楚。但是，实际办起来可没那么轻松，一张医保卡半年都办不下来的情况很常见。

当然了，办理不利既有客观因素，也有自己的主观因素。所谓主观因素，就是自己在早期没有进行详细了解，把事情想简单了。客观因素具体如下。

（1）政策有更新。

（2）政策传达不到位。

（3）地方政策因素。

（4）具体经办部门自行加码，额外提出一些条件。

（5）各对接部门的标准不统一：甲部门说可以了，乙部门却说不行。

（6）经办人员不熟悉情况，专业度不够，或故意刁难。

（7）排了很久的队，终于到了办理窗口，却被告知还得准备什么材料，或做某种注册。

（8）当地存在某种客观情况或困难。

（9）自己准备的材料不齐全，流程没走对，窗口办理时间错过了。

（10）不适应地方的办事风格。

办理不顺畅，无论对个人情绪，还是日常生活，都是有影响的。要解决这个问题，必须提前做准备。具体的准备方法就是进行主动访谈，即主动寻找相关人员，对办理情况进行全面了解，相关推进内容如下。

（1）在现役阶段就开始，不要等到退役后再说。

（2）不能主观上认为事情很简单，也别认为按照正常流程走就行了。

（3）不能过于相信一些零散的碎片信息，那可能是失真的，可能有偶发性，甚至可能是谣言。

（4）根据自己所了解的情况，做一个简单的汇总（见表 4–5）。

表 4-5 自制汇总表格

办理项目	对接机构	机构性质	涉及材料	正常推进流程
		军队单位		
		地方政府职能部门		
		商业机构		
		个人		

（5）主动访谈。

①找熟悉情况的人、相关职能部门的人以及前期退役的战友。

②找已经经历过这些流程的老战友，他们更了解实际情况。

③主动访谈的人一般要找三五位，这样能保证信息收集更全面，基本成系统。要区别偶发情况和普遍情况，同时，对有些信息的实际情况，也可进行多方印证。

④了解的情况越详细越好，甚至包括各种材料的打印装订、照片的尺寸和背景颜色、各类手机应用的注册流程等。

⑤根据实际情况进行收集，扩充原有的汇总表格，增设对异常情况的说明和处理流程。

（6）家属先办。对于一些收集了解类的工作，可让家属先办理。原因是：一来自己可能还在现役，没时间；二来家属更熟悉地方政府机构的办事风格，在沟通上也更方便些，一些基本的准备工作和材料，家属也可先做好。

提前的主动访谈所收集了解的信息，不仅包括各类退役手续的办理，还涉及退役后的各种落差、社会关系处理、就业筹备、职业方向选择、创业、家庭关系调整、子女相处等。毕竟，自己没有经历过某些情况，也没经验，所了解的情况有限，甚至只是主观猜测，那就得请教过来人，了解别人的心路历程，这不但是事务上的准备，也是给自己一些心理准备。

4.6　承担家庭责任

军人退役之后，首先要适应的是家庭关系，此时自己的身份要转变为家长，全面承担对家庭的管理责任，从系统的角度做好对家庭的经营。那么，家庭管理又涉及哪些具体方面呢?

首先，确定基本原则，诸如:安全，稳定，有序发展，持续提升生活质量，明确保障重点，等等。

针对家庭的未来重大发展目标要有整体规划。规划的相关内容如下。

（1）规划的时间长度一般为 5~20 年。

（2）所涉及的重大事由包括婚礼、新生儿、孩子入托上学、买房 / 换房、车辆、工作调换、事业、投资。

（3）各类重大事务的延伸牵涉面广，涉及人、关系、资金、技术方法、机会点、资源等，以及需要提前筹备的细节。

明确原则，建立规划，接下来就是各类管理细节，具体如下。

1. 家庭安全

前文已详细讲解，此处不再赘述。

2. 财务规划

（1）预计的基础收入。

（2）新生收入点。

（3）基础型开支规划。

（4）可能存在的计划外开支。

（5）重要大额开支提前结算。

（6）信用卡及借贷平台管控。

（7）家人保险。

（8）股票、有价证券、不动产定期汇总评估。

（9）投资及理财产品的选择与安全。

（10）应急现金。

（11）重大事项 / 事故的准备资金（安全备用金）。

（12）大额贷款的评估。

（13）人情往来的记录及开支预算。

3．社会事务类

（1）社保、医保、公积金，各类账户的续存、转移和使用。

（2）各类身份证、护照、签证、户口本、驾驶证快到有效期的，应及时更换及续签。

（3）与车辆有关的年审、保养、停车费、保险公司。

（4）邻居关系、物业关系、亲戚熟人关系。

4．家人健康

（1）每个家庭成员疾病状态的透明化。

（2）慢性疾病的长期治疗方案（尤其是老人）。

（3）对口医生的确定，与家庭医生的关系的建立（所在社区是否支持）。

（4）个人病历的集中保管。

（5）定期体检。

（6）家中常备药品。

（7）与身体健康及疾病存在冲突的各种禁忌。

5. 家庭内务

（1）家庭物品的存放位置应固定下来，做汇总记录，以便查找。

（2）混放类物品应分类存放并加贴标签。

（3）对各类需要定期更换耗材和电池的设备，加贴更换提醒说明标签。

（4）对各类设备（含电器、家具）进行维修、清洗、消毒、保养。

（5）定期检修水电设备及管道，约请稳定的外部修理工。

（6）外请保姆 / 临时家政服务。

（7）房屋修缮。

（8）对家庭生活的年度时间点进行标注。

6. 各类费用的缴纳

（1）各类需要缴纳的水电煤费用、宽带费、物业费、停车费、取暖费、贷款等。

（2）注意各类费用的缴纳周期。

（3）注意各类费用的缴纳方式与捆绑的银行账户。

7. 生活质量的提升

（1）旅游、美食、娱乐。

（2）兴趣爱好的发挥。

（3）享受型设备的添置。

（4）烹饪水平的提升和菜肴的创新。

（5）重要节日的庆祝。

（6）家庭装修的翻新。

8. 子女教育

（1）与学校沟通。

（2）对孩子的学习进度予以跟进。

（3）检查作业。

（4）对孩子的性格进行引导和塑造。

（5）导入基本家庭教养。

（6）对兴趣爱好班进行规划并跟进。

（7）介入校外学业辅导班。

（8）对孩子的叛逆期有心理准备，预防可能发生的冲突。

从退役回家，到走上新的工作岗位，其间必然有个过渡时间段。你可以利用这个时间段做好对家庭的内务管理工作（见表 4–6、表 4–7）：一方面履行作为家长的责任，优化家庭关系；另一方面，也是在锻炼自己的管理能力，在管理层面，军队、家庭、企业有许多相通之处，对事和对物同样包含着目标取向、规划、预算、安全保障、时间管理、物品管理、跟进管理、应急、备份、量化、透明等管理元素。

家庭事务一览表如表 4–6 所示。

表 4-6　家庭事务一览表

一、重复缴纳的费用

名　称	缴费方式	缴费周期每年 / 每月	预付费 / 后付费	缴费日期	合约套餐	合约期限	固定费用 / 实际费用	缴费账号	缴费地点	自动支付 / 捆绑支付	执行人	执行情况	备注
水费													
电费													
煤气费													
收费电视													
宽带费													
座机费													
手机费													

续表

名　称	缴费方式	缴费周期每年/每月	预付费/后付费	缴费日期	合约套餐	合约期限	固定费用/实际费用	缴费账号	缴费地点	自动支付/捆绑支付	执行人	执行情况	备注
网络套餐													
物业费													
取暖费													
房租/房贷													
____贷款													
____学费													
____储值卡													
____储值卡													

续表

二、专项事务

名称	体检	年度做账发票	人身保险	银行账户复核	紫外线消毒	甲醛检测	烟灶具清洗	洗衣机清洗	冰箱清洗	煤气表更换	窗帘拆洗	灯罩拆洗
到期日	___年___月___日	___年___月___日	___年___月___日	___年___月___日	___年___月___日	___年___月___日	___年___月___日	___年___月___日	___年___月___日	___年___月___日	___年___月___日	___年___月___日

三、车辆专项事务

车号	年审	保险	ETC	保养日期	违章查询日期	停车卡有效期	轮胎更换	电瓶更换	___油液更换	停车位缴费
	___年___月___日	___年___月___日	___年___月___日	___年___月___日	___年___月___日	___年___月___日	___年___月___日	___年___月___日	___年___月___日	___年___月___日
	___年___月___日	___年___月___日	___年___月___日	___年___月___日	___年___月___日	___年___月___日	___年___月___日	___年___月___日日	___年___月___日	___年___月___日

续表

四、空气及水处理设备的维护（滤芯更换及清洗）

名称	主净水器滤芯	进水过滤器反冲放水	直饮水滤芯	空气净化器滤芯	新风系统清洗	空调清洗	风道清洗	灭火器检查	下水道定期疏通	水表更换
更换周期										
更换日期	____年 ____月 ____日	____年 ____月 ____日	____年 ____月 ____日	____年 ____月 ____日	____年 ____月 ____日	____年 ____月 ____日	____年 ____月 ____日	____年 ____月 ____日	____年 ____月 ____日	____年 ____月 ____日

五、证件有效期

证件名称		身份证	港澳通行证	赴台通行证	护照	___签证	___签证	驾照	___执照	居住证有效期	医保卡有效期	驾照记分周期
持有人		____年 ____月 ____日	____年 ____月 ____日	____年 ____月 ____日	____年 ____月 ____日	____年 ____月 ____日	____年 ____月 ____日	____年 ____月 ____日	____年 ____月 ____日	____年 ____月 ____日	____年 ____月 ____日	____年 ____月 ____日

续表

证件名称		身份证	港澳通行证	赴台通行证	护照	____签证	____签证	驾照	____执照	居住证有效期	医保卡有效期	驾照记分周期
持有人		____年 ____月 ____日	____年 ____月 ____日	____年 ____月 ____日	____年 ____月 ____日	____年 ____月 ____日	____年 ____月 ____日	____年 ____月 ____日	____年 ____月 ____日	____年 ____月 ____日	____年 ____月 ____日	____年 ____月 ____日
		____年 ____月 ____日	____年 ____月 ____日	____年 ____月 ____日	____年 ____月 ____日	____年 ____月 ____日	____年 ____月 ____日	____年 ____月 ____日	____年 ____月 ____日	____年 ____月 ____日	____年 ____月 ____日	____年 ____月 ____日
		____年 ____月 ____日	____年 ____月 ____日	____年 ____月 ____日	____年 ____月 ____日	____年 ____月 ____日	____年 ____月 ____日	____年 ____月 ____日	____年 ____月 ____日	____年 ____月 ____日	____年 ____月 ____日	____年 ____月 ____日

表 4–7　幼儿兴趣班整体规划

基本原则：整体规划，明确功能，匹配衔接，避免盲从

一、为什么要报兴趣班？

孩子喜欢	衔接学业	培养专业	个人修养	实际运用需求	消磨时间	家长主导意见	广告宣传的影响	身边有人在学

二、孩子本身的意愿

一时兴趣 / 持续兴趣	兴趣的衰减 / 转移	有过接触和试学	明确后期放弃的后果	受身边人影响	孩子是否有学习成本意识

三、功能关联确定

四、兴趣班类别

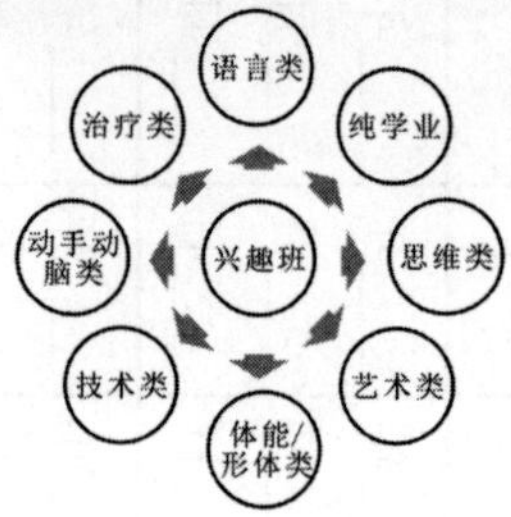

五、时间规划

时间段	____年度		____年度		____年度		____年度		____年度	
	上半年	下半年	上半年	下半年	上半年	下半年	上半年	下半年	上半年	下半年
兴趣班1										
兴趣班2										
兴趣班3										
兴趣班4										
兴趣班5										

六、兴趣班选择方式

1.在前期就确定目标，专一而持续	2.广泛接触，广泛尝试，持续淘汰，后期沉淀聚焦

七、学习成果与实际运用

掌握实质技术	考级	证书	可以实质运用	对身体发育及思维的促进	实际运用的场景	转接到其他兴趣特长	转接到学校教育

八、培训机构的调查了解

机构背景调查	退学退费政策	洗脑式缴费买卡	教学人员的稳定性	学费缴纳方式	学习名额转送政策
知名教学人员挂名/亲自辅导	现场环境安全性	培训机构跑路可能性	周边产品推销	是否有推荐有奖	师资认证机构
同班学员数量	同班学员平均素质	接送距离	接送等候条件	是否符合国家法规的倡导方向	是否代为接送孩子
预交学费额是否过高	是否对孩子存在负面作用	是否为伪科学			

九、预算

兴趣班总体预算:	年度预算:	配套设备采购费用:	强化学习费用:	接送预算:	专业陪护人员预算:

十、兴趣班的时间衔接

与长假期的时间衔接	与接送人员时间的衔接	与正常学习时间的衔接	与孩子用餐时间的衔接	与孩子休息时间的衔接

十一、兴趣班的占用时间点

每天放学后	周末	寒暑假	休学期间	碎片时间

十二、其他考虑

会不会打乱学校的教学大纲	通过兴趣班，拓展家长关系群	兴趣班的专属沟通群	教材教具的采购与存放	

十三、同步导入对孩子的教育观念

兴趣，是最好的老师	学习的价值，在于实际运用	学习的坚持，才能出成绩，中途放弃等于浪费

4.7　打造自己的个人品牌

商品品牌大家很容易理解，必定是正面的，有知名度的，能让消费者迅速识别出来，有清晰定位和特性，能让消费者产生信任感。大品牌的商品相对容易销售，能卖上高价（有溢价能力），能发挥商品更大的商业化价值。

其实，个人品牌和商品品牌在本质上是差不多的，人也得建立自己的品牌，以使个人价值得到充分体现和发挥。

1．为什么要建立个人品牌

现代社会商品丰富。在商品的“海洋”中,某种商品要被消费者识别，并进一步获得消费者的信任乃至促成交易，就需要品牌发挥作用。

同样的，人多，想脱颖而出就很难。无论你有多大的才能，要想发挥出来，就需要大量的资源匹配。这些资源包括资金、技术、信息、人脉关系、社会关系、客户渠道等。不过，资源大多分散在别人手里，你想发展，就得整合别人手里的资源。一般来说，资源需要通过置换获得，当你的手头没有足够的资源与别人进行置换时，就得想办法让别人主动给你资源。

别人手上的资源凭什么给你？借给你也好，投资给你也罢，先不说有多少利益回报，首先有个前提，就是对你的信任。这信任建立在对你的了解上，是你长期以来所积累形成的正面定位，也就是个人品牌。从某种意义上说，人们还是很愿意帮助一些值得帮助且信得过的熟人的。

2. 个人品牌的设计原理

个人品牌不是一两天就能建立起来的，也不是做一两件事就能建立起来的，更不是你认为自己是个好人，别人就一定也会认为你是好人。个人品牌是在有目标、有规划、有定位、有投入、有策略的系统作用下逐渐形成的。

商品品牌不是天生的，而是后天人为设计出来的，它以突出产品的正面元素为前提，发掘产品本身的优点，并进行适当放大。个人品牌同理。首先，分析自己的长处和短处以及性格上的特点，进行整理规划，确定自己的长处所在，再进行相关的强化工作。这里需要注意，短处人人都有，有些是与性格相关的，可能这一辈子都改不了。不要试图把自己变成一个完美的人，关键是发挥自己当前的长处，将其提炼为特点，直至此特点具备一定的突出优异性。例如，执行力强、某方面的专业度高、反应敏捷、再学习能力强等。

与商品品牌不同，中国人注重德才兼备，以上所提及的几点属于“才”的范畴，要想确立自己的个人品牌，还得在“德”上进行设计。中国人对“德”的研究可谓博大精深，其实，也可以简化，把握其中的一个要点即可，这个要点即“尊重人”。尊重人的特点主要在语言和行为举止上体现出来，例如，善良、温和、态度谦和、个人信誉良好等。把“德”和“才”整合在一起，就能形成完整的个人品牌设计，否则就会给人留下笼统而模糊的印象。

3. 个人品牌建立的基本目标设定

设定目标最简单，就是一句话的事，例如：

（1）我是一个靠谱的创业者 / 合作伙伴。

（2）我是一个值得信赖的朋友。

（3）我是一个思路清晰且执行力强的职业经理人。

进一步分解，还可以细化出以下支撑点。

（1）个人品行好，也就是基本素质良好。

（2）有规划和格局观，有抱负，不糊涂，不短视。

（3）有一定的工作能力，基本功扎实，做事靠谱，且执行力强，是个做事的人。

（4）大脑清楚，智商高。

（5）信誉好，有责任心，做事有始有终。

（6）熟悉人情世故，与其打交道不吃亏。

（7）身体健康，家庭稳定。

（8）考虑问题周到，有前瞻性，能举一反三，能对各种预测会发生的事情给出方案。

（9）遇到问题，第一反应是解决问题，而不是推卸责任。

4. 推进规划

规划就是对目标的基本分解，例如：

（1）在三年时间内实现目标。

（2）投入 10 万元资金。

（3）通过 10~30 个具体事务。

（4）建立有 100~200 个目标人脉的关系网。

（5）在该关系网中，建立并巩固自己的个人品牌形象。

5．个人品牌的传播与透明化

商品品牌要做广告宣传，让人人都知道。个人品牌也要做传播，当然这个传播更多是人际传播。从身边的家人、朋友、战友、同事、同学、客户等熟人开始，将具体事例（哪怕是小事）作为传播载体。或者在特定人员面前，将自己透明化。所谓透明化，就是别人能够轻松地了解你。这样方便别人对你进行认知建立：只有足够了解你，才能建立对你的定位。透明化具体包括：

（1）你是谁？你的基本背景是什么？

（2）你能做什么，不能做什么？

（3）你的优势是什么，你的特点是什么？

（4）你以前做过什么？

（5）你当前在做什么？发展目标是什么？当前推进到什么程度？

（6）你当前正面临什么样的困难和问题？

（7）你搞砸了的事情，相关原因也一目了然。

措辞切忌故作神秘。别人不了解你，就没法建立对你的定位，没有清晰的定位，就吃不准你这个人，也就不敢帮你。

6. 证明手段

给自己定位很简单，初步传播也不难。但是，别人只听说你是个什么样的人，不会立刻信以为真，你需要通过某些具体的事情进行验证或佐证，例如：

（1）自己全程负责某项工作，成败不重要，关键是其中所涉及的规划、执行、统筹、调度、沟通等，得善始善终。

（2）在与别人的小型合作中展示自己。

（3）主动帮别人的忙，或是主动请求别人帮你的忙。

（4）别人给自己帮忙时（无论大事小事），自己都进行回馈，让别人知道你是个知恩图报的人。

（5）通过日常交往中的言行举止展示自己。

也许有人会说，这会不会有点刻意，或者说是在装、在演戏。其实，事情没有好坏之分。从某种意义上说，没有什么所谓的好人和坏人，那只是别人对你的看法和定义而已。要想形成别人对你的某种看法，就要通过一些特定（乃至提前设计过的）事件进行证明并巩固。

通过这些规划定位和证明手段，你能积累一些信誉：一方面要以高标准要求自己，因为品牌建立不容易，摧毁却很容易——一顿大酒就可能把你毁得干干净净；另一方面，千万不要将信誉用在小事情上，而是要积累起来，以后干大事用。当然了，有些人对个人品牌的建立并没有多少头绪，觉得自己是好人就行了，有时候还会耍点小个性，不把一般人放在眼里，也就不会理睬别人怎么看待自己。坚持这么自我也可以，前提是你自己得有足够的资源，“万事不求人”。

4.8 先从小公司开始就业

上班，不仅要考虑个人收入和发展的问题，还要考虑所在工作单位的社会地位。在常人看来，就业的首选单位肯定是政府部门（公务员）、事业单位、大企业、知名企业、外资企业等，并且，最好是待遇高、压力小、工作轻松、考核简单、休假多、不加班，对职业技术要求低的岗位。

可是，哪有这么多的好单位、好工作在等着你？尤其是刚从军队退役的年轻军人，要怎么看待今后的个人发展问题？年纪轻轻，就打算找个舒服的地方，不操心、不努力、不进取？这不是找工作，而是找地方开始养老。

首先，有些客观因素要考虑到：

（1）退役回到地方以后，对于入职、创业、学业、再次入伍，你得选一样，总不能一直在家待着。

（2）应尽快进入新的生活轨道，进入工作状态，避免赋闲空挂或表现消极。

（3）要客观地看待退役问题，军队的环境有一定的封闭性和独特性，难免与职业环境乃至商业环境脱节。

（4）你若是从学校出来就参军，由于没有社会工作经历，退役之后，且不说职业技术或创业能力，可能连求职技术都存在问题。

（5）有些退役军人过高看待自己，即过高看待自己在军队时的位置和成就，过于自信。这种过高的自信会导致对退役之后的发展空间产生过高期望值，对自己失去客观的了解和定位，更不会重视整体规划和前期筹备工作。

（6）在就业方面，若进入的单位规模大，资源多，那么在实际工作中会相对轻松。即便你不那么努力，也不学习，光是单位自身的平台力量，就可以支持员工轻松工作，还能获得别人的尊敬。当然了，这看起来是很舒服，但对个人的发展存在消极麻痹因素。既然无须努力就能过舒服日子，谁还愿意保持学习和进取精神呢？谁还会认真维护人际关系呢？

对于大多数退役军人来说，不宜退役后直接创业。即便想创业，也得先通过就业积累经验和进行筹备工作，然后再创业。所以，先就业是最现实的。

就业也得有方向。现实一点考虑，先进小公司，哪怕是那种小个体户，诸如经销商和小型零售商。岗位方面，可考虑市场销售类岗位，诸如配送人员、市场活动执行、销售、零售店店员等。

之所以这样建议，是出于以下原因。

（1）小公司数量多，分布广泛，每个县、乡（镇）都有。

（2）小公司也有用人需求，由于社会地位低，小公司的招聘难度更大。

（3）小公司对员工的学历和职业技术要求较低，也就是门槛低，容易进去。

（4）退役军人在身体素质、执行力、纪律性、学习能力等方面有优势，非常适合小企业的用人需求。

（5）小公司社会地位低，资源少，员工从公司得不到多少支撑，因此只能靠自己。这使得退役军人不得不加强学习，不得不重视与别人的交往。

（6）小公司也是社会的底层，员工入职后会真切地进入底层，更加全面真实地了解社会、了解商业、了解人性，你若是以前一直位于高层，入职后难免会“站着说话不腰疼”。

（7）小公司没有明确的岗位分工，从老板到员工，个个都是“万金油”，什么都要懂一点，什么活都要干，这也在逼迫你全面学习，做到一人多能。

（8）公司有大小之分，但这不影响个人品牌的打造和专业技术的聚焦。

（9）小公司的待遇相对低些，可通过工作中的技术学习弥补。

（10）小公司人少，也没有复杂的规章制度和标准要求，相对来说，你每天都可以与老板直接沟通，没有太多的制度约束，意味着能有更大的发挥空间。在大公司，由于对既定标准流程的敬畏、对领导的尊敬以及为了保持与众多同事的平衡，你反而要学会循规蹈矩，哪怕自己有些新的想法和创意，也不能提。

先进入小公司，不代表一直都在小公司待着，小公司只是进入职场的一个起点。通过小公司先进入职场，你可以边了解、边学习、边积累，在提升自己的同时规划下一个择业方向。

退役军人第一份工作的推进模型如表4–8所示。

表4–8　退役军人第一份工作的推进模型

一、基本指导原则
1. 先就业，再择业。有职业基础，再分离出创业项目。

续表

2. 不追求一步到位，不追求舒服的工作。

3. 第一份工作，不追求单一经济收益，而是侧重这三点：

全面学习，积累技术	实际操作经历	扩大人际交往接触面

二、自身情况梳理

优势	短板
1. 年轻，身体素质好 2. 家庭事务影响小 3. 能承受严格管理 4. 纪律性强，对标准流程有概念 5. 经济压力小，不苛求高待遇 6. 可塑性强，能主动学习 7. 执行力较好 8. 自我内务管理能力较好	1. 没有工作经验 2. 缺乏专业知识 3. 缺乏职业思维和行为习惯 4. 人际沟通能力较弱 5. 缺乏商业意识 6. 成本意识较为淡薄 7. 策略设计与运用能力较弱 8. 直线思维，缺乏变通能力

三、提前的基本职业技术学习

计算机硬件	普通话	商务礼仪	办公设备使用	时间管理
常用办公软件	常用英语	车辆驾驶	奢侈品识别	商业人际沟通

四、选择第一份工作的基本要点

1. 无须创新，无须专业经验，按照既定标准执行即可。

2. 技术要求低，具备基本常识即可理解。

3. 第一份工作只是自己接触企业或进入某个行业的桥梁而已。

4. 第一份工作持续半年到一年即可。

续表

五、第一份工作的选择行业及职业
1．选择民用消费品行业，原则是避免冷门及小众行业。 2．选择基层销售类工作、物流随车配送类工作，接触面广。 3．选择可以独立执行的简单工作，例如司机。 4．选择对事对物不对人的工作，例如仓管、品控、市场督查等岗位。

六、第一份工作的单位性质选择
1．招聘门槛相对较低的中小型私营企业。 2．工作性质单一的零售门店。 3．企业的驻外分支机构。

七、在工作中的学习

专业技术的学习	团队的融合	服务意识与行为	专业设备的使用
客户交往维护	语言表达	与其他岗位的轮岗	专业软件的运用

八、在工作中聚集的资源

公司上下游客户	同事的人脉资源	个人品牌的建立与传播
社会资源	接触其他同类公司	行业及技术资源

九、在工作中的禁忌

散布消极情绪	不合群，顶撞上级，乱站队	过于体现个性
不遵守既定规章制度	私下传话，沾惹是非	不顾及他人感受

4.9　如何选择初期岗位

1．就业岗位的选择

就业了，总要有一个具体的岗位，负责一定的具体工作。

岗位的安排有两种情况：一种是单位直接指派，没得挑没得选，让干什么就干什么；另一种是自己有一定的选择权，或者在找工作时就已经有明确的指向性了。

你如果有选择权，那么，在选择第一份工作时，就得想清楚，自己希望通过这份工作获得什么。明白自己想要什么，量化相关标尺，再找具体工作。

1）首先要明确的内容

（1）不要试图找个舒服的岗位。

（2）要明白自己的实际能力，即具体能干点什么。技术含量太高的工作，你做不了。

（3）第一份工作是进入职场、进入行业，也是你日后进入其他企业的桥梁。所以，就业取向就是发挥桥梁作用，对第一份工作的收入、级别、地位等因素不做重点考虑。

（4）通过第一份工作，你可以：①全面学习，积累技术。②通过实际的操作巩固技术，积累经验。③在工作中扩大接触面，积累人脉资源。

（5）履历上如果有从基层一线做起的经历，对你今后的再就业也是个加分项。

（6）第一份工作的时间能维持半年到一年即可。

2）如何选择第一份工作

基于自身的实际情况和就业取向，在工作方向上可考虑以下几点。

（1）可选择民用消费品行业，避免冷门或小众行业。

（2）具体的岗位方面，技术要求不能太高，无须专业经验，也无须自己创新，按照企业的既定标准执行即可。

（3）愿意与人打交道的，可选择基层销售、跟车送货、专车司机等岗位；不愿意与人打交道的，可选择仓管、物流、行政、质检、市场督查等岗位。

（4）对于单位性质，可重点考虑中小型私营企业、工作性质单一的零售门店、大型企业的驻外机构等。

3）在工作中的学习与积累

对第一份工作，不要将收入作为首要因素，学习和人脉资源积累才是关键。学习方面具体包括以下内容。

（1）专业技术。

（2）客户交往与维护。

（3）商业沟通技术。

（4）团队的融合。

（5）服务意识与行为。

（6）专业设备及软件的使用。

（7）与其他岗位的轮岗。

同时，在工作中要多接触各类人员，因为每个人都是资源，诸如：

（1）同事关系。

（2）公司的上下游客户。

（3）工作中所对接的各类政府职能部门。

（4）各类社会机构。

（5）其他同类公司。

2. 创业或接手家族生意，如何处理面试邀约

如果退役军人已经开始创业或接手家族生意，这时，又接到当地退役军人事务局组织的招聘通知或被其他单位邀约去面试。在自己已经开始当老板的情况下，这类应聘面试还需要去吗？

对这样的面试机会，建议你还是参加一下，因为涉及以下几点。

1）客观评估

面试就是对自己能力的一种客观评估，若是面试官资历较深，你去面试也就等于做了专业测评。毕竟，对于自己存在的问题和短板，自己往往是看不到的；别人看到了，也不好直接说出来：下属员工犯不着“冒死进谏”，客户不说是给你面子，家人提醒又容易引发冲突。

参加现场面试的时候，面试官不认识你，就会把你当成一个普通的面试者，纯粹从招人的角度评估，相对客观，你也能从中听到一些针对自己的短板和问题的分析。人有问题没关系，就怕自己不知道。

2）换位思考

自己当老板总是面试别人，这次换个角度，可以真切地体会被面试的滋味，尤其是对面试者的基本尊重、对各类问题的基本反应。基于这次面试，今后你可以对应地改善自己的面试工作细节。

3）学习招聘技术

自己在招聘会现场，面对不同企业的面试官，可以学习他们的沟通技术、接待流程、关心重点、沟通内容排序等，同时可与其他应聘者交流一下，分析各面试官给他们留下的印象。

4）企业高层面试

招聘会现场的面试只是初试，有了招聘意向后，企业会通知应聘者与中高层领导直接会面，诸如人事总监、用人单位主管，乃至企业老板。这种更高级别的沟通，更是学习不同企业经营思维的好机会，甚至可以趁机了解与自己事业有关联的行业发展动态和科技创新情况。

5）试用期

如果被企业看中，而且有试用期，要不要去呢？

建议你尽可能进入企业，真切地感受一下什么是被管理。那么，手头的生意怎么办？

（1）你一旦出去上班，必然需要逼迫自己高效利用时间，平衡自己的生意和上班之间的时间，做到衔接顺畅。

（2）现在通信手段这么发达，有些事完全可以遥控指挥。

（3）提升对员工的管理水平，你不再天天盯着员工，员工还能正常工作吗？这就涉及与员工的关系相处、职业技术的培训、各类问题的预防和处理措施，你可以通过合理授权委托他人管理，乃至制订对员工的安全防范和牵制措施。

（4）自己做生意的时候，各类事务都是凭借自己的主观分析和经验处理的。当然，工作时间长的老员工也会对应积累些经验。现在自己要出去上班，不能亲自处理了，若是直接交给员工处理，员工往往又会按照各自的主观理解和经验来处理，可能会出乱子。所以，这个时候，你就要考虑将各类工作事务的处理进行标准化，集合大家的有效处理经验，形成固定的工作执行说明书。每一件工作对应一本工作执行说明书，所有人都基于同一标准执行，以免各自为政，同时提高了自己不在时员工对工作事务的处理效率。

（5）自己出去上班，从某种意义上说，就是测试在完全放手的情况下，生意还能不能正常运转了。若是生意无法运作，暴露出一堆问题，则说明自己的管理工作还没做到位，这也为今后完善管理工作指明了方向。

（6）自己每天沉浸在公司，有时候是看不到问题出在哪里的，或者只看到问题，却难以找到根源所在。自己出去上班，等于站在旁观者的角度看自己的公司，换个角度也许能看得更清楚。

（7）当然，你更大的收获，还是在上班期间，能对所进入的企业进行全方面的了解和学习。你作为普通员工，会充分感受被管理的感觉，并全面学习企业运营、管理、成本控制、风险防控、标准建立、流程优化等方面的知识。人若有心学习，处处都是学习机会。

在所上班的企业里，你不仅能学习管理，还可以考虑整合某些资源。尤其是人，通过普通职员的身份和视角，你可以真切地了解周边同事的工作能力和态度，为自己的生意预选可用之才。

4.10 与上级直属领导的交往

并非每个领导都是合格的。出于自我保护，你需要对领导进行识别。

（1）有些领导是好人，但是不会做管理，就想当好好先生，谁都不想得罪，办事优柔寡断，“前怕狼后怕虎”。

（2）有些领导自身的品德有问题：德不配位，心眼小，有便宜要占、有功劳要抢、有黑锅就要甩，热衷于建立个人王国，只喜欢拍马屁的下属。

（3）有些领导自己干活是一把好手，但不会带人干，也不会教人干，跟着这样的领导，你学不到东西。

（4）有些领导自身的工作能力不行，思维受限，格局小，眼光浅，基本功差，且又不爱学习。虽说他们会尽一些责，但心有余而力不足，自己工作很吃力，大家跟着这样的领导也吃力。

（5）有些领导自身素质较差，自己不求上进，各种偷懒，对工作也是敷衍了事。

（6）有些领导自身存在严重问题，不但严重违反公司的管理制度，甚至已经到了触犯法律的地步。

除了部分领导自身有问题，有些公司的管理机制本身也有问题：不健全，漏洞太多，又缺乏监督机制，既不科学也不清晰。公司机制靠不上，只能靠人治，可偏偏又碰上无德无才的领导，这两项都靠不上的公司管理只会一团糟。

当然了，不管领导是个什么样的人，现实情况是：在当前，人家还是你的领导，还是要共事的，“低头不见抬头见”。若是关系处理不好，轻则形成对立，耽误自己的工作和发展，重则影响自己的情绪和对理想的追求。

不管是什么样的人在当你的领导，都不要纠结于对方凭什么能当你领导，在交往方面，以下几点你要考虑清楚。

1．只是阶段性合作

现在在某个单位上班的，很少能一直上到退休，一般三五年也就换了。经济发达地区换得更快，员工在企业的平均在职时间缩短，已经是社会化的大趋势了。

自己与各级领导之间的合作是阶段性的，最多几年而已，甚至只有几个月。再说了，一般的上级领导也没那么大的本事和能力把你管得死死的，让你在行业或本地无法立足，甚至断送你的前程。这类领导最多也就是让你在公司待不下去，平常给你穿穿小鞋，占你点便宜，甩些黑锅让你背，孤立一下你，等等。

所以，畏惧领导的能量和“杀伤力”、担心自己得罪领导就是死路一条大可不必。

2．能学到什么

工作过程也是学习过程，学到了本事就是自己的，属于自己的个人财富。

在工作中，你学习的不仅有职业技术，还有对应的实操经历，能接触各类社会关系和客户资源等。这些比你得到的工资、奖金更有价值。毕竟，从发展的角度看，自己的能力、实操经历、正面案例、口碑等，才是未来“吃饭的家伙”。

所以，上班时，你要把弄明白能学到什么作为首要目标——向单位学习什么，向同事学习什么，向领导学习什么。如果你只盯着工资、奖金，那格局就小了。如果你觉得公司小气，待遇差，领导也对自己不好，那自己就干脆混日子，消极怠工，少干点活，这就属于自己想不开了。

如果你与领导相处得好，领导还能帮你加持、升级。当然了，这是锦上添花，但你不能指望这个，自己得主动保持进取的劲头。

3. 对职务的尊敬

既然你进入公司，签了合同，认可这个公司和岗位，就该有起码的契约精神：遵循当前的组织架构和岗位分工，服从上级的工作分配。

服从，建立在对公司组织架构的认可与对上级的基本尊重基础上。也就是说，员工对领导的客气与服从，是因为认可了领导所在的岗位，以及公司对领导的授权与分工；接下来，才是对领导在个人层面的认可和尊重。在基本的相处原则中，客气礼貌、不直接抗拒、不激怒对方、不越级沟通等是最起码的尊重。当然了，基于人际交往中的人格对等原则，若是领导个人品德有问题，不值得自己尊敬，你也没必要强迫自己对领导装客气，或是过于迎合。在工作层面，基于公司的规范体系，你只要正常服从就好。

至于其他同事拉拢你一起对抗当前的领导，你就别参与了，自己做好自己的事情，小心被别人当枪使了。

4. 直接领导更多只代表自己

直接领导的观点不代表老板的观点，不代表整个公司的价值观和发展观。今后你若有机会与老板沟通，你会发现很多观点和行为只是部分中层干部自己的，公司内部的氛围更多是被中层干部所污染的。所以，你别被直接领导耽误了，不要被直接领导的一些个人行为影响了你对整个公司的感情和看法。

在接收直接领导发出的指令时，若是你发现直接领导本身并不值得信任，且所发出的指令已经超出公司的体系规范，存在乱发个人化指令的嫌疑，此时，你就要注意收集证据，反复确保和多重报备，以此保护自己的正当权益。

5. 要学会与自己不喜欢的人合作

基于自己的战略发展目标，有些事情要通过与别人的合作推进。在战略价值面前，你可做一些战术层面的策略和让步。也许，你在个人层面不认可某个领导，但其毕竟当前是你的领导，且有技术、有权力、有资源、有关系。所以，有时候，你与某些人的相处与合作，只是自己实现目标的一个手段。

6. 换位思考

面对上级领导，你自己心里各种不爽；换个角度想一下，今后你也当领导了，你的下属是否也有这些感受和想法呢？所以，对当前领导的长处也好，问题也好，你都要有所观察，并站在下属的角度分析，留存记录，等自己以后当领导了再翻出来看看。

7．私人关系定位

当前，他是你的领导，对这个职务关系你要认清楚。不过，在个人层面你还可多些观察，若是领导的品行、能力俱佳，自身综合素质良好，对你个人很认可,那么你就可以强化私人关系。今后他即便不是你的领导，或你们不在一起共事，你也值得与他交往与相处。

8．让领导做选择题

员工的价值之一，就是通过自己的人格力量解决各种问题，而不仅仅是发现问题后上报问题。面对问题时，你自己要先研究分析并进行解决方案的设计，然后带着对问题的完整表述、分析、解决方向、多套解决方案等报呈领导，让领导在全面了解的基础上，对解决方案予以选择确定。当然，在具体的解决方案方面，你可以表达自己的倾向性意见，供领导参考。

4.11　退役军人创业的阶段划分

创业不可能一步到位，也不是先搞起来再说那么简单。在当前的市场环境下，创业更像一个精密的理科工程，诸如整体规划、分阶段划分、推进路径、早期筹备、风险预案、数据分析、财务预算等。那种拍脑袋做决策，凭胆大往前冲，“有枣没枣打三竿”，“四两拨千斤”，靠贵人指点等，都是不靠谱的。你若采取所谓的边摸索边前进策略，有可能还没看到胜利的曙光就被竞争对手打得鼻青脸肿了。

客观来说，退役军人的创业成功率并不高，甚至还不如大学生创业的成功率高。虽然你资历深厚，有大把的资源，但不见得能在逻辑层面进行有效匹配，甚至对商业匹配的原理还没搞明白，就想当然地认为：只要把大量优势资源堆砌在一起，就能做成生意。除了对商业模式的认识欠缺，由于自己在军队环境下思维和行为已经固化，退役军人自身的可塑性较差，虽然明白环境不一样了，自己要改变，要重新适应，但退役回来两三年还是没适应的大有人在。

从风险评估的角度来说，就业相对稳当，因为上班的风险最多是财务层面的，大不了公司突然瓦解，自己损失几个月的工资。而创业一旦出大问题，则会“伤筋动骨”，因涉及大量资金的投入，对家庭关系、对亲人、个人信誉和自信心的打击等都是巨大的。所以，对创业要慎之再慎。

很多人创业失败，主要是因为前期筹备太过简单，感性的冲动取代理性的分析，单凭自己个人的主观认知，就敢拍板启动创业这个系统工程，可以说高风险的种子在起步的时候就埋下了。

总而言之，创业不是一步到位，而是循序渐进。整个创业过程可按照一定阶段来划分，梳理整体思路，以便做好整体规划和早期筹备。

1. 早期规划

（1）只有初步的想法，对方向、行业、介入方式、所需资源、生意性质、运营模式、营利模式等都不明确。

（2）在简单的资讯收集基础上做简单估算。

（3）这个时间段有几天或几周时间就够了。

2. 基本筹备

（1）在本阶段，基本确定要自己创业了，虽然具体的生意项目还没确定，但有些基础的筹备工作可以先做，即便今后决定不启动创业项目了，这些基础类的筹备工作照样有使用价值，不会浪费。

（2）基本筹备包括家庭关系、个人品牌的打造、人际关系、通用型技术的学习。

（3）基本筹备一般要持续半年到一年的时间。

3. 中期规划

（1）基本有个创业方向，初步明确打算干什么了。

（2）开始测算这个项目所涉及的各类资源，包括行业信息、竞争对手、客户、渠道结构、技术、人力资源、硬件软件、财务预算、销售体系、管理机制等。

（3）基于初步的方向确定，该准备的准备，该研究的研究，该接触的接触。

（4）这段时间大概半年以上。

4. 专业筹备

（1）项目方向和基本框架出来后，就要进行专业筹备了。

（2）以打工者的身份进入同类企业，是最直接的筹备方式。

（3）基于实际工作，全面了解相关运营环节，广泛接触各类资源，同步进行筹备。

（4）基于自己的实际工作开始对自己的创业项目进行精细化修正。

（5）这种带着学习目的的就业模式，得持续半年到两年时间。

5. 过渡阶段

（1）直接从入职转到创业，这种硬切换的风险较大，可考虑在一定时间入职与创业并行，做软切换。

（2）通过内部部门承包或项目承包、独立核算等形式，在当前上班的企业内部进行内部创业。

（3）若当前单位没有深入合作的空间，则可以开始注册商业机构，进行各项运营前的筹备工作及试运营。

（4）保持上班和创业两条线同时推进，人虽然辛苦一点，但这种模式最稳当，且可以走些捷径，提升资源利用率。

6. 独立阶段

（1）当自己的项目开始全面运转的时候，你就要辞职出来，全身心投入自己的生意。

（2）这个阶段是最忙、最乱，也是最兴奋的时候。

（3）各种想到的、没想到的问题会纷纷出现，你要以积极的态度面对。公司的运营大概率会出问题。问题出现得越早，相对损失越小，同时有助于你对运营及管理体系进行增补完善，以避免后期再次出现同样的问题。

7. 上轨道阶段

（1）本阶段已经解决生存问题了。

（2）基本理顺公司运作的各环节，项目运作模式、执行团队、客户群体、运营体系、社会关系等环节基本成形。

（3）管理漏洞在持续缩小，岗位分工清楚，工作标准和作业流程基本建立，整体运营状态透明化。

（4）开始逐渐形成本公司的核心竞争力和差异化优势。

（5）基本建立了内部培养机制，可基于公司的运营及发展需要进行中基层的人员培养。

8. 升级阶段

（1）当前生意基本稳定，一方面要居安思危，提升企业的抗风险能力；另一方面要全面升级，与时俱进，提升企业的可持续发展能力。

（2）进行全面的风险控制和预案管理，包括全面监督、量化风险、建立法务部门、对常规风险事务有预见，并提前做好预案。必要时牺牲部分利润和发展速度，确保企业的安全稳定。

（3）保证管理体系和经营体系匹配。

（4）财务层面的全面预算管理，可以实现分项目、分部门、分客户、分员工的全面财务指标量化。

（5）组建企业效益部门或机制，保持对成本优化与效率优化的持续跟进。

（6）外部人才储备与内部人才梯队的建设。

（7）在标准化、系统化、轮岗机制、数据化、透明化等基础上，实现大多数岗位不会对个人产生依赖性，可初步实现内部轮岗自由化与员工流失的影响最小化。

（8）在行业地位、企业市值、上市基础等方面有所追求。

4.12　熟人邀约创业，去不去?

你刚刚退役，甚至还在服役，就有熟人拉你一起去创业，这是好事吗?

表面看这是好事，说明有人认可你的价值。此时要冷静。

一般来说，没有天上掉馅饼的事。当熟人拉你去创业时，你要先考虑清楚下面几个问题。

1．创业状态

（1）熟人已经有成形的生意，留给你的岗位也是很明确的，就相对靠谱。

（2）对方处于刚创业的状态，甚至还处于创业筹备阶段，这个就没谱。

2．本地还是外地

（1）熟人的生意在本地，可以随时到现场，相对靠谱。

（2）熟人说他的生意在外地，需要到外地考察，考察的时间和地点完全由熟人安排，对此就要当心点，万一是非法传销，你就掉坑里了。

3. 做的是什么生意

（1）传统生意最可靠，哪怕开个烧烤店，总归是正经生意。

（2）宣传有点虚无缥缈的，强调高科技、社会大趋势、造福人类的，具体内容涉及传销、直销、带货、金融产品、基金理财、海外地产、藏富于民、收藏、延寿、充值、返利、基因、量子科技、纳米、保健品、神奇医学、保证金等，就得当心，很可能是非法生意。

4. 要你去做什么

客观来说，一个已经基本成形的生意，不太可能与别人一起分享。分享理由一般是：

（1）拿钱，拉人头，贡献你的人脉关系和资源，借用你的房和车。

（2）发挥你的技术专长。

（3）发挥你的管理能力。

5. 背景调查

背景调查非常有必要，无论你对这个熟人多熟悉，他对你多热情，都要调查，哪怕是亲弟弟拉你去创业，你也得做背景调查。所有的熟悉都是以前的，人都是会变的。对所有的合作伙伴，做前期调查是基本的商业动作之一。基本的调查项目如下。

（1）当前的生意状态，可从对方的表述及自己的实际观察等多个维度进行了解。

（2）这是一个成熟的生意，还是一个需要培养周期的生意。

（3）通过国家工商总局的网站查看熟人公司的注册时间和注册资金，股东有几个，是否存在历史经营异常情况。

（4）了解一下这个熟人名下注册过的其他公司有几个，当前状态如何。

（5）通过中国裁判文书网、执行信息公开网、本省的政务服务网查询熟人所涉及的司法投诉、违法犯罪以及被执行的情况。

（6）设法了解熟人的个人征信情况，查询当前所涉及的各类贷款及逾期情况。

（7）通过与这个熟人相关的亲朋好友、同学战友、熟悉的客户等了解这个熟人的人品、做事风格、历史信誉，尤其是在借钱方面的实际情况。

6. 熟人看上你什么了

俗话说，无利不起早。你需要确认，熟人究竟看上自己的哪一点：

（1）专业技术能力？

（2）管理能力？

（3）人品？

（4）完全出于信任？老实可靠？

（5）出于报恩？

（6）自己所能带来的人脉关系？若是这样，人脉关系都转移完了之后呢？

（7）希望自己带资入股？也就是看上自己的钱了？

（8）还是别有所图呢？

7．意见的一致性

你需要广泛调查各方面的意见：

（1）是熟人个人邀请我吗？

（2）熟人家里人的意见也一致吗？

（3）公司里其他股东的意见呢？

（4）公司里其他中高层的意见呢？

8．能力评估

即便是纯粹看上自己的人品和能力，你自己也要评估一下：

（1）自己了解这个行业吗？

（2）自己了解这个企业吗？

（3）自己的专业技术能确保匹配吗？

（4）自己的管理能力与这个生意匹配吗？

（5）自己在军队的强硬管理风格，熟人也是知道的。你直接进入企业，肯定会与其他人产生冲突，这点熟人不可能不知道。对方知道这些，还邀请你入职，你一定要弄清楚其目的：是不是利用你的强硬风格转移人事矛盾，借你的手清除某些员工？如果是这种情况，所谓“兔死狗烹”，那么，等熟人想清除的员工都走光了，你在他眼里也就没有价值了。

总而言之，对熟人的邀约，你先别太激动，更别脑子一热就做出冲动的决定，要理性看待。毕竟，商场如战场，安全最重要，熟人也存在欺诈的可能。再有，你刚从军队退役，对商业环境还没有足够了解，若直接任职也不太好，毕竟作为管理者，你需要对大家负责。若是熟人一再热情邀请，你可以先以打工者的身份进入，从基层做起，给自己一个学习、了解和适应的过程，这也是对大家负责。

4.13　如何在打工中筹备创业

从常规路线来说，摆在退役军人面前的，主要就是就业和创业这两条路。

退役士兵年纪轻，阅历浅，资源有限，选择就业也许更务实一些。而退役军官往往会更多考虑自己创业，原因如下。

（1）自己已经年近中年，这个年纪去找工作，竞争力不一定能拼得过小青年。

（2）从部队环境转到地方社会环境，差距巨大，再加上企事业单位内部关系复杂，自己不一定能适应。

（3）觉得自己的能力、资源、人脉等，还是有的，若去上班，自己的价值没办法完全发挥出来。尤其是人脉关系，刚退役时还有些热乎劲儿，再过几年就冷却了，所以要抓紧利用。

（4）自己在部队好歹是领导，现在到地方了，不习惯重新从基层做起，也不习惯让别人领导自己。

（5）从军官到老板，都是领导者，这个落差不至于太大。

（6）在军队，被限定的框架太多，自己的创造力没有得到完全发挥；现在退役了，可以完全按照自己的个人意志自由发挥了，也是自己人生新篇章的开始，希望有新的发挥空间，创建新的人生成就。

（7）在社会上估计很难找到符合自己心愿的发挥平台，不如干脆自己打造一个平台，让自己的价值充分发挥。自己创业，哪怕收入不高，至少落个轻松自由。

（8）也许当前正好有些机会，不能放过；也许有些特殊的关系和资源；也许有熟人邀约，或是对方有成熟稳定的事业，诚邀自己带股加盟。

基于以上这些方面的考虑，再基于自己的调查研究和分析判断，你非常看好某个行业或生意形态，就打算直接动手了。虽然你也知道首次创业的成功率不高，但没准儿自己就是成功的幸运儿。再说了，大丈夫做事不能“前怕狼后怕虎”。至于自己以前没做过生意，这也没什么，现实中有的人创业的时候，文化水平不是很高，照样也干起来了。自己的能力可比他们强多了，大不了边做边学。于是，你就决定一步到位，前脚刚退役，后脚就杀向商海，创业当老板了。

客观来说，相对于就业，创业是一条艰辛而充满凶险的路，首次创业的失败率高达九成。如果失败了，不但投入的资金损失了，自己的时间和精力消耗了，而且积累多年的关系资源很可能被一次性消耗掉。创业失败，轻者会对自信心造成打击，对个人形象造成损毁，让家人对自己产生抱怨和失望；重者可能背上债务和官司，丢了房子，变成失信人。

当然了，这里不是给大家创业泼冷水，而是提醒大家慎重选择一步到位的创业模式。毕竟，军人刚退役，还没有完全适应社会环境，更别提认清商业环境了，也没有真正意义上的独立商业运营实操经验。你千万别把做生意这事想得太简单了，若直接创业，吃亏上当的概率较高，尤其要慎防被身边的熟人忽悠入错行。

从基本逻辑次序的角度来说，你应该先适应社会环境，建立初步的发展规划，然后逐步推进。在推进过程中，建议你先学习，同步做筹备，再择机启动。虽然这看起来要麻烦一点，但安全系数相对高一点，毕竟，创业是单打独斗，自己不但要掏出大把的真金白银作为创业资金，还要拿出比钱更宝贵的关系资源，若是搞砸了，综合损失就太大了。

那么，如何开展前期的学习和筹备呢？最简单的办法，就是通过打工进行学习筹备，这个过程需要注意以下几点。

（1）打工不是纯粹的打工，而是创业前期的学习。

（2）创业做什么，就去相应的企业打工：要开火锅店，就去火锅店打工；要开健身房，就去健身房打工；要开超市，就去超市打工。

（3）只有进入该领域，全面接触各个环节，你才能知道，运营这门生意究竟需要什么。

（4）打工时，虽然公司对你的岗位工作范畴有界定，但你也要全面学习，要完整地了解当前生意的运营方式以及尽可能多的细节。

（5）至于岗位安排、职务、待遇、发展空间等，这些都不是重点，哪怕是倒贴钱。

（6）除了正常的运营流程和操作细节，你还要学会对各类问题、意外事故进行预防和处理，这可是花钱都买不来的经验教训。

（7）你计划要创业的项目，在当地若根本没人做，你可别以为你这是独一份，连竞争对手都没有，多好。这反而说明该项目需要大量的市场培育成本；没有稳定的市场需求，存在大量的不确定性因素，经营的风险反而更大。

（8）打工学习的过程也是资源积累的过程，如身边的同事资源、供应商资料、协作单位资源、社会关系资源、客户资源等。

（9）你要边学边记边设计。把看到的、实操的、学习的都记下来。再有，你要及时把学到的东西融入自己的生意规划，持续填充，逐步完善。

（10）对劳资关系方面进行换位思考。打工时，你只是个员工，往往还是普通的基层员工，可以真实地体会什么是被管理。你会真切地体会到规章制度、标准流程、考核激励等这些管理工具的有效性如何，员工之间真正的协作质量如何，以及员工是怎么看待老板的，甚至员工是怎么糊弄老板的。

参 考 文 献

[1] 潘文富．复转军人就业与创业指南 [M]．北京：清华大学出版社，2011．

[2] 潘文富．退役军官的创业筹备 [M]．北京：清华大学出版社，2019．

[3] 潘文富．退役军人的就业筹备 [M]．北京：清华大学出版社，2020．

[4] 退役军人事务部．关于全面做好退役士兵教育培训工作的指导意见 [Z]．2021．

参考文献